中共安徽省委党校（安徽行政学院）资助出版

土地利用生态系统服务权衡及调控研究

丁庆龙◎著

中央党校出版集团
国家行政学院出版社
NATIONAL ACADEMY OF GOVERNANCE PRESS

图书在版编目（CIP）数据

土地利用生态系统服务权衡及调控研究/丁庆龙著．—北京：
国家行政学院出版社，2023.11
ISBN 978-7-5150-2846-0

Ⅰ．①土… Ⅱ．①丁… Ⅲ．①土地利用－生态系－研
究－中国 Ⅳ．①F321.1

中国国家版本馆 CIP 数据核字（2023）第 230377 号

书　　名	土地利用生态系统服务权衡及调控研究
	TUDI LIYONG SHENGTAI XITONG FUWU QUANHENG JI TIAOKONG YANJIU
作　　者	丁庆龙　著
统筹策划	陈　科
责任编辑	曹文娟
责任校对	许海利
责任印制	吴　霞
出版发行	国家行政学院出版社
	（北京市海淀区长春桥路 6 号　100089）
综 合 办	（010）68928887
发 行 部	（010）68928866
经　　销	新华书店
印　　刷	中煤（北京）印务有限公司
版　　次	2023 年 11 月北京第 1 版
印　　次	2023 年 11 月北京第 1 次印刷
开　　本	170 毫米×240 毫米　16 开
印　　张	12.75
字　　数	180 千字
定　　价	45.00 元

本书如有印装问题，可联系调换，联系电话：（010）68929022

序

　　土地利用与生态系统服务等相关研究是生态学、地理学、规划学和管理学等学科研究的热点和前沿领域。联合国千年生态系统评估报告指出，全球有 63% 的生态系统服务功能在快速退化或者未得到可持续利用。土地利用活动是人类影响生态系统的一种重要因素，土地利用过程伴随着各种能量与物质输入、输出、转化与消耗，从而影响生态系统过程、生态系统结构和生态功能。当前，我国以习近平生态文明思想为指导，深入推进生态文明建设实践，不断深化对生态文明建设的规律性认识。党的二十大报告提出"中国式现代化是人与自然和谐共生的现代化"，"必须牢固树立和践行绿水青山就是金山银山的理念，站在人与自然和谐共生的高度谋划发展"，处理好高质量发展和高水平保护的关系，促进土地生态保护和合理利用，保障社会经济的可持续发展。

　　黄河流域生态保护和高质量发展是重大国家战略，东营市位于黄河入海口处，是黄河流域核心城市之一。该地区具有丰富的自然资源，但存在土地盐碱化程度高、森林覆盖率低、生态环境治理和农业开发难度大、水土资源承载力和环境恢复能力相对较低等影响生态系统服务功能和经济社会可持续发展的因素，通过土地利用的空间布局优化利用是解决这些问题的重要路径。本书以可持续发展理论、系统论和生态系统生态学理论为基础，构建了面向可持续土地利用的生态系统服务调控理论框架，从价值论、认识论和方法论的角度，探讨可持续土地利用追求的"目标"和土地利用及规划政策是如何影响生态系统服务变化的，并以东营市为例，研究在多种土地利用规划情景下，从土地利用结构调整、生态红线划定、土地整治等多角度"预测"模拟了其生态系统服务的空间变化，分析了在何种情况下生态系统服务能得到更大的优化，为编制科学合理的国土空间规划、制定土地生态系统的调控"策略"提供决策依据和参考，为减缓生态系统服务权衡和提高整体生态系统服务功能提供理论和实践借鉴。

丁庆龙在攻读博士期间，深入学习公共管理、生态学、国土空间规划相关理论，参与了多项国家级、省部级和地方委托课题，对土地利用规划、国土空间规划、土地整治和耕地保护等实践有较深厚的积累，为该书的写作提供了丰富的营养和新颖的视角。土地利用生态系统权衡与调控研究属于自然科学和人文科学跨学科研究领域，丁庆龙博士以问题为导向，从实践中提炼科学问题，将理论与实践相结合，以东营市为例，对土地利用生态系统服务权衡及调控进行深入研究，形成有一定学术价值和实践借鉴意义的成果，并正式出版，为他未来的学术发展之路奠定基础。

生态系统是复杂的巨系统，不仅反映在保护和发展的权衡方面，也反映在其内部的相互交织和非线性关系等方面。因此，未来仍然有诸多问题需要深入探讨和研究。希望他以此为基础，持续在生态文明建设、绿色低碳发展、国土空间规划等领域取得进一步研究进展。

叶艳妹

浙江大学土地与国家发展研究院院长

前 言 Preface

生态系统功能退化、生物多样性衰减是 21 世纪全球面临的重大生态环境挑战之一。改革开放 40 多年以来，中国经济增速长期居于世界主要经济体前列，经济实力和综合国力显著增强，创造了世界经济史的奇迹，开创了中国式现代化建设的新局面。但是，与此同时，"高消耗、高投入、高污染"的发展模式难以为继，资源利用效率不高、环境污染严重、生态系统退化等问题严重制约经济社会可持续发展。党的十八大以来，中国大力推动生态文明理论创新、实践创新、制度创新，生态文明建设从认识到实践发生了历史性、转折性、全局性变化，创造了举世瞩目的生态奇迹和绿色发展奇迹。党的二十大报告进一步指出，中国式现代化是人与自然和谐共生的现代化，这是对马克思主义自然观、生态观的继承和创新，是对中华优秀传统文化中生态智慧的创造性转化、创新性发展，也是中国式现代化和人类文明新形态的重要内涵，具有重大理论意义和现实意义。

本书的写作主要受到以下几个方面的启发：第一，发表在 PNAS（《美国科学院院报》）上关于如何实现自然资本的包容性和可持续发展的价值研究。研究发现海南岛生态功能保护区在 1998—2017 年橡胶园面积增加了 652 平方千米，天然林减少了 414 平方千米。在这期间，橡胶产品供给增加了 72%，天然林栖息地减少 6.9%，土壤保持减少 17.8%，洪水缓解 21.9%，N 持留 56.3%，P 持留 27.4%，碳固存 1.7%。供给服务与

1 ·

自然栖息地保护和调节服务之间存在重大权衡。从土地利用类型看，橡胶林和天然林都属于林地，但是由于两者的土地利用方式不同，在生态保护方面存在巨大差异。橡胶林具有更高的经济价值，但是会导致水净化、土壤保持和洪水缓解等方面的生态功能下降，而天然林经济价值无法满足当地村民的生计。研究通过对橡胶林的利用加以改进，在橡胶林下种植草地和药用植物的间作方式实现了可持续发展和包容性增长。第二，《人类生态学——可持续发展的基本概念》。该著作指出生态系统和人类社会系统是相互作用、相互影响的，人类社会系统对生态系统的影响无处不在，仅从生态系统的角度无法解决社会系统存在的问题。城镇化、"退耕还林"、土地整治、生态红线保护等，都属于人类社会系统，这些对生态系统的影响是复杂和长远的。第三，笔者参与过河北、浙江、山东、贵州多地的土地利用总体规划编制工作，对城镇化、土地整治如何影响生态系统有深入了解。在中国，城镇化不仅通过侵占耕地、林地和水域影响城区周边生态系统，而且在"耕地占补平衡"政策的影响下，城区外围的林地、水域和未利用地也受到剧烈的影响。例如，耕地上山导致山体水土流失、植被破坏、地质灾害等问题，林地破坏导致生物栖息地减少、土壤保持功能下降、碳存储功能下降等问题。

在人口增长和城市扩张的影响下，全球生态系统服务功能正在快速退化甚至消失。生态系统服务是人类生存和发展的物质基础，生态系统服务的退化影响人类社会可持续发展。土地利用空间的过度扩张和无序增长引起了生态系统冲突和权衡，影响着生态系统的健康和可持续发展。研究生态系统服务的状态、变化过程和影响因素等问题，并构建生态系统服务调控的框架和策略，有助于回答生态系统服务变化的原理及如何实现对生态系统服务调控的科学问题。黄河流域生态保护和高质量发展进入更高的平台，如何实现经济和生态的协调发展，促进生态系统可持续发展，是新型城镇化和生态文明建设面临的重大现实问题。

鉴于此，本书将可持续发展、生态系统生态学和系统论等理论有机结合，构建面向可持续土地利用的生态系统服务调控理论分析框架。在文献综述和研究区的背景分析基础上，提出了本研究的切入点和基本思路。主要研究内容包括：首先，采用生态系统服务和权衡的综合评估模型（integrated Valuation of Ecosystem Service and Tradeoff，InVEST）对东营市生态系统服务物质量进行评估，并对生态系统服务相关关系进行量化表达。其次，利用空间分析的方法分析了东营市土地利用变化特征和规划对生态系统服务的影响。再次，通过设定自然发展等 4 种不同的规划情景对 2030 年东营市生态系统服务整体功能和空间权衡关系进行模拟分析。最后，提出关于生态系统服务调控的相关策略。主要得出以下结论：

（1）构建的理论框架能够实现生态系统服务调控的目的。生态系统服务是人类从生态系统中获得的各种惠益，同时也是经济社会存在和发展的基础。研究构建的"目标＋状态＋原因＋预测＋策略"理论框架有助于为科学家和决策者提供新的治理和调控思路。

（2）基于物质量的生态系统服务评估法以及对多种生态系统服务权衡关系的研究，能够提供更加丰富的生态过程空间信息。2009—2017 年，东营市生境质量、土壤保持、产水量和碳存储呈现不同程度的下降，粮食供给快速上升。生态系统服务权衡分析表明，生境质量与产水量、土壤保持，产水量与粮食产量、碳存储生态系统服务具有负相关（权衡关系）。生态系统服务空间权衡指数显示，生态系统服务权衡具有高度的空间异质性和多样性。

（3）东营市土地利用规划对生态系统服务影响巨大。主要表现为以下三个方面：一是城市扩张明显，耕地、未利用地和湿地变化剧烈。二是土地规划文本对"生态系统服务"的理念表述模糊，不利于认识生态系统服务的多功能性。三是以新增建设用地和土地整治为代表的土地规划实施活动，导致生态系统服务空间上的增减，引起生态系统服务在空间上的权衡和协同关系。

（4）多情景模拟有助于为科学家和决策者提供更多的信息，了解土地利用过程中生态系统服务不平衡的潜在后果。通过设定不同的规划政策和未来发展趋势，模拟城市未来面临的生态系统服务冲突和权衡问题。情景Ⅳ（兼顾生态保护、城市增长和耕地扩张）是更优的可持续土地利用方式，该情景下生态系统服务权衡强度和面积相对较小。通过土地利用结构调整和生态红线划定等方式，能够实现减轻生态系统服务权衡。

（5）从规划编制、自然资源系统治理等角度提出的治理策略能够将生态系统服务调控落实到实践中，实现对生态系统服务调控更科学的指导。生态系统服务的优化最终要落实到可持续土地利用和国土空间规划中，只有科学系统的土地利用决策机制，才能真正促进生态系统功能的提升。针对传统土地规划中存在的问题和难点，本研究提出改进规划评估、改善规划编制、改良规划实施和提升空间治理能力四个方面的关键性政策。四项政策涵盖可持续土地利用的全过程管控和治理，能够为研究区生态系统的调控和健康持续发展提供科学参考。

2019 年，《中共中央 国务院关于建立国土空间规划体系并监督实施的若干意见》指出，建立国土空间规划体系并监督实施，将主体功能区规划、土地利用规划、城乡规划等空间规划融合为统一的国土空间规划，实现"多规合一"。不论是国土空间规划还是土地利用总体规划，本质上仍然是土地利用的问题。本书旨在为从事国土空间规划和生态管理的政府决策者和科学研究人员提供参考学习。

本书是在笔者博士论文的基础上完成的，在写作和修改的过程中得到了朋友、老师和同事的帮助，尤其是博士生导师叶艳妹教授，在笔者写作过程中给予了指导。此外，著作中引用了诸多学者专家的书籍和文献，在此一并致谢。理论是灰色的，而实践之树常青。在全面推进人与自然和谐共生的现代化建设背景下，需要进一步研究土地利用与生态系统服务互动等理论问题，研究优化国土空间格局、生态修复及山水林田湖草沙一体化修复等实践问题。当然，受到研究时间和研究水平的限制，书中错漏之处在所难免，欢迎广大读者批评指正。

目 录 Contents

第一章

绪 论

一、研究背景与问题提出

（一）全球生态系统面临严重威胁，人类可持续发展面临挑战

随着全球人口的增加和城市化的发展，人类过度开采利用自然资源以满足自身发展需求。联合国千年生态系统评估（Millennium Ecosystem Assessment，MA）指出，全球的生态系统有 63% 的生态系统服务功能在快速退化或者未得到可持续利用，而且这种损失大部分不可逆转（MA，2005；Cumming et al.，2014；杨国福，2015）。2019 年 4 月，在生物多样性和生态系统服务政府间科学政策平台（Intergovernment Science-Policy Platform on Biodiversity and Ecosystem Services，IPBES）大会上，Robert Watson 指出，我们所有其他物种所依赖的生态系统健康状况正在以前所未有的速度恶化；需要在不同空间尺度上进行颠覆性变革，实现对价值观和研究方法论等方面的全面改革，才能使大自然得到保护、恢复和可持续利用（IPBES，2019；侯焱臻等，2019）。Butchart（2010）指出，生态系统功能退化、生物多样性衰减是 21 世纪面临的重大生态环境挑战之一。

由于生态系统服务是人类从生态系统中获得的各种惠益，是连接自然环境与人类福祉的桥梁，过度地开发不仅会导致生态系统整体退化，而且

会影响生态系统内部复杂的关系（赵文武等，2018）。根据联合国预测，到 2050 年，世界人口预计达到 96 亿，其中，城市人口的比例将会超过 2/3 (United Nations，2012)。一方面要逐步修复退化的生态系统，另一方面将面临未来巨大的人口增长和经济发展压力，要进一步推动全球生态系统在规划和管理等方面的研究，因此促进全球生态系统和人类生态系统可持续发展变得越来越紧迫。

改革开放以来，中国城市发展取得了举世瞩目的成就。常住人口城市化率由 1978 年的 17.92% 增至 2017 年的 58.52%，已经超过了世界平均水平（54.29%），预计到 2030 年中国城市人口将达到 68.7%（吕永龙等，2019）。城市建设用地规模在城市化的推动下呈现快速扩张的趋势，中国统计年鉴数据显示，2000—2017 年，中国城市建成区面积由 22439 平方千米增长至 56226 平方千米，净增长 33787 平方千米，建成区面积增加了1.5 倍。快速的经济增长和粗放的发展模式，导致城市对土地的需求不断加大，致使生物多样性锐减、植被覆盖率下降、水质恶化、气候变化等一系列的生态系统服务功能快速退化，改变了区域生态系统的原有结构和功能。空间的过度扩张和无序扩张影响着生态系统的健康和可持续发展，这些人类所造成的生态环境问题反过来又制约着人类社会可持续发展 (Ala-wadi，2017；吕永龙等，2018)。

（二）生态系统服务权衡及调控研究已成为生态学、地理学和管理学研究的热点

自 Daily 和 Costanza 等发表关于生态系统服务的论文以来，国内外涌现了诸多关于生态系统服务的研究 (Daily，1997；Costanza et al.，1997)。研究以生态系统服务价值核算与评估为主，支撑这一评估主要靠生态学和经济学理论（李双成等，2014）。千年生态系统评估完成以后，研究向着与人类福祉关联的方向发展，重视生态系统服务动态演化和人地系统耦合发展（李双成等，2011；赵文武等，2018）。与此同时，学者和规划管理者们意识到，要实现生态系统服务和人类福祉的关联，必须构建链接自然生态系统和人类生态系统的有效框架。例如，生态系统服务付费或生态补偿，生态系统服务成为区域规划、空间规划、生物多样性保护的重要考量因素和前提（Carpenter et al.，2009；Grêt-Regamey et al.，2017；Huang et al.，2018b）。

但是由于生态系统的复杂性，多种服务之间常常表现为相互交织、复杂的非线性关系（Bennett et al.，2009；Renard et al.，2015），一种服务的增加有可能导致另一种服务的增加或者减少，形成生态系统服务之间此消彼长或共同增减的权衡/协同关系（傅伯杰和于丹丹，2016）。面对如此复杂的系统，生态学理论和方法可以发挥对生态系统结构、过程和功能的分析作用，生态系统生态学在研究物质、能量和信息流动等方面具有优势。地理学通过建立土地利用与生态系统服务的耦合关系，通过建立"格局-过程-服务-可持续性"的研究框架，为区域土地利用规划和区域发展规划提供科学依据（赵文武等，2016）。当然，回到权衡的经济学含义，权衡是由于"能够生产各种商品的全部资源的限制需要在相对稀缺的商品之间进行选择"的基本经济事实，产生了权衡取舍（Samuelson，1970）。从全球的角度来说，每一种生态系统服务都是重要的，但是在局部地区，则需要对它们进行优先取舍（Xu et al.，2018；Fu et al.，2015；Asadolahi et al.，2018）。因此，如何在经济学框架内完善和深化权衡与协同关系的解释是重要的科学问题，生态与经济协同发展理论可以发挥重要作用（李双成等，2014）。当然，通过权衡与协同关系来调控人地关系和优化生态系统服务时空格局，更好地管理生态系统服务，从而促进地方可持续发展，也是重要的科学问题（李双成等，2013；Maes et al.，2012b）。

（三）国土空间规划与自然资源管理实践对生态系统服务研究提出了更高的要求

国土空间开发失序的重要原因之一，是各地对发展权利的争夺，导致对国土空间和自然资源的过度开发和粗放开发，最终反映到城市无限制扩张和生态环境的恶化（林坚，2018）。20 世纪 70 年代以来，土地利用变化导致陆地和淡水生态系统中自然生态空间的萎缩和功能退化（IPBES，2019；侯焱臻等，2019）。当前，基于生态系统服务评估的相关研究，也能应用在生态保护、空间规划和景观规划管理中（Huang et al.，2018；Grêt-Regamey et al.，2017；de Groot et al.，2010），但是，由于对生态系统服务复杂的非线性关系认识不足，加之由于生态系统服务多样性和空间分布不均，人类对其具有不同的偏好（Bagstad et al.，2016）。现有的生态系统服务研究，难以满足和适应空间规划和自然资源管理实践需要。生态系统服务权衡理论方法，不仅能够给决策者提供丰富的生态学信息，而且能够辨析生态系统服务作用机制、遴选与优化生态系统服务类型，进而进行决策与调控（赵文武等，2018）。在此基础上，逐步形成"格局-过程-服务-可持续性"的研究方式（宋章建等，2015），并应用到区域土地利用规划中。不考虑复杂的生态系统服务关系，仅仅在空间规划中提出"双赢"的解决方案，在现实世界中似乎很少见，而管理者却常常要面对的是权衡取舍和艰难的决策（Vane-Wright et al.，1991；Kooiman & Jentoft，2005；Tallis et al.，2008；McShane et al.，2011；Muradian et al.，2013）。正如 Costanza 在第十届生态系统服务伙伴关系全球大会上指出的，未来生态系统服务与可持续发展的挑战在于多目标的权衡与评估（Costanza，2014；王辰星，2019）。可持续的土地利用需要更加科学完备的生态学信息和更符合实践的生态系统服务调控的手段和政策。

（四）黄河流域生态保护和高质量发展上升为国家战略，黄河三角洲地区面临新的机遇和挑战

2019 年 9 月 18 日，习近平总书记将黄河流域生态保护和高质量发展与京津冀协同发展、长江经济带发展、粤港澳大湾区建设和长三角一体化发展等重大国家战略相并列。黄河流域资源性缺水严重，1956—2000 年，年均径流量仅占全国 2%，约为 535 亿立方米；人均水资源量仅有 474 立方米，约为全国人均水资源量的 23%。由于上游天然草地生态功能退化，黄河中游和下游地区生态退化趋势明显（王金南，2020）。在上中游水土

流失和植被破坏的情况下，黄河入海口，即黄河三角洲地区面临自然湿地萎缩严重和生境质量退化的风险。黄河三角洲位于黄河下游区域，处于陆地、海洋、河流三项交汇处，天然和人工生态系统交错分布，既拥有我国暖温带最完整的湿地生态系统，又有大规模的种养殖生态系统及大面积的盐碱地资源（白春礼，2020）。东营市是黄河三角洲地区核心城市，位于黄河入海口处。该地区具有丰富的自然资源和土地后备资源，区域优势明显，拥有良好的发展基础。但同时，东营市土地盐碱化程度高，森林覆盖率低，生态环境治理和农业开发难度大、成本高，水土资源环境承载力和环境恢复能力相对较低，对区域生态保护和高质量发展限制性和约束性作用较强（张帅，2019）。此外，由于近些年石油等资源开采活动频繁，工业生产污染废物乱排现象严重，农业和土地资源过度开发和城镇化的推进导致人地关系进一步失调，东营市生态系统和经济社会可持续发展面临前所未有的威胁和挑战。

二、研究意义

生态系统调控或优化，是指在一定时空尺度范围内，将人类活动和经济社会发展整合到生态系统中，以维持生态系统整体性和可持续性。一般而言，人类活动主要通过一定的介质影响生态系统。土地利用过程伴随着各种能量与物质的输入输出、转化与消耗，从而打破了生态原先的自我修复与恢复的平衡，造成生态系统的结构和功能受损。当前，生态系统服务调控研究，已经成为生态学、地理学、规划学和管理学等学科研究的热点，相关研究成果为土地利用规划与管理、土地修复与整治以及生态补偿等提供了重要的理论支撑。理解土地利用与生态系统服务的关系以及生态系统服务间的关系，是生态系统调控的基础，也是调控落地的关键所在。同样，可持续土地利用也需要更加科学精准的信息来支持决策，如生态系统服务的现状、时空演化及内部关系、土地利用如何影响生态系统服务功能变化等。可持续土地利用，需要回答如何从规划编制、实施、治理等多方面调控的问题。因此，从认识论、价值论和方法论多个维度理解可持续土地利用与生态系统服务调控的关系，并回答如何在规划管理中协调社会经济发展和生态系统服务优化的问题具有重要的理论和现实意义。

第一，研究可以促进生态系统服务理论研究向为规划管理实践提供依据转变。生态系统服务调控的目的在于通过对生态过程的干预来实现减少生态冲突和提升整体效益。当前的一些研究，局限于简单的生态系统服务价值评估或尺度较为单一，给出的调控建议也较为宏观，难以在实践中落实。生态系统服务调控最终需要落实到具体的政策和实施项目中。从可持续土地利用视角，探讨土地利用变化和土地利用规划如何影响生态系统服务功能，研究土地利用与生态系统服务优化调控的关联性，能够进一步明确生态学过程。在此基础上，通过情景模拟，尝试通过规划政策的干预，模拟分析未来可能发生的生态系统服务权衡或冲突的区域，进而为规划管理调控生态系统服务提供依据。

第二，为黄河流域生态保护和高质量发展提供参考。2019 年，黄河流域生态保护和高质量发展上升为国家重大战略。当前，黄河流域存在流域生态环境脆弱和生态系统功能退化等问题：上游地区天然草地生态功能退化严重，中游地区水土流失依然严重，下游地区泥沙淤积，黄河三角洲自然生态空间萎缩。东营市是黄河三角洲高效生态经济区核心城市，是黄河流域生态保护和高质量发展的主战场。面对经济社会发展、生态系统服务优化和粮食安全等多重复杂矛盾，如何实现生态保护和高质量发展的统一，是黄河流域城市可持续发展的重要课题。本研究立足于识别生态系统服务现状，并对当前存在的关键生态问题进行诊断和机理研究。此外，研究着手从国土空间规划的角度厘清规划政策影响生态系统服务的路径，模拟预测东营市 2030 年生态系统服务的变化与分布，有助于从实践层面为黄河流域生态保护和高质量发展提供决策参考，打造黄河流域下游地区高质量发展的"齐鲁样板"。

第三，当前，面对资源约束趋紧和生态系统功能退化的困境，全国各地正在开展以可持续生态系统管理为主要目标的国土空间规划。国土空间规划管理，以资源环境承载力为基础，通过优化"底线约束、区域协同、空间功能优化"的方式实现人类活动与自然生态环境相适应相协调的发展格局。国土空间规划的本质是通过土地利用的再组织和再优化实现生态系统服务功能的优化，减少人与自然的冲突，实现经济社会生态系统的可持续发展。面向可持续土地利用的生态系统服务调控研究分析框架，本书从生态系统服务时空演变、与土地利用规划的关系，以及如何规划编制、实施、治理等多角度提出一揽子政策建议，可以为当前的国土空间规划与自然资源管理提供参考。

三、研究内容

第一，构建面向可持续土地利用的生态系统服务调控理论框架。在概念内涵界定的基础上，阐述可持续发展理论、系统论和生态系统生态学理论在该框架中的作用。从土地利用与生态系统服务关系入手，分析土地利用及规划对生态系统服务驱动机制的影响，同时，结合生态系统服务权衡与调控的原理，分析可持续的土地利用方式和规划变革实现对生态系统服务的调控和优化。

第二，东营市生态系统服务物质量评估及相关关系量化。应用 In-VEST 模型对生境质量产水量、土壤保持、粮食供给和碳存储等 5 种生态系统服务的物质量进行评估。此外，利用 ArcGIS 空间分析功能量化分析了 4 对生态系统服务相关关系和空间权衡指数。

第三，东营市土地利用及规划对生态系统服务的影响。第五章第一部分利用 GIS 空间分析的办法研究分析了 2009—2017 年东营市土地利用变化的时空特征。第五章第二部分主要运用文本审查法研究了土地利用规划文本编制对生态系统服务的表述及对生态系统服务的重视程度。第五章第三部分通过对土地规划实施过程中新增建设用地和土地整治项目区内的生态系统服务的变化情况，分析规划实施对生态系统服务的影响和驱动原理。

第四，在多情景下对未来土地利用和生态系统服务变化情景模拟分析。首先，利用 FLUS 模型，模拟预测了四种规划政策下的 2030 年东营市土地利用情景。其次，在此基础上，对四种情景下生态系统服务进行评估。最后，对四种情景下生态系统服务的空间格局、整体效益和相互关系进行对比分析。

第五，提出面向可持续土地利用的生态系统服务调控的政策建议。在明晰土地利用如何影响生态系统服务的路径基础上，结合情景模拟结果，对多种土地利用方式下生态系统服务整体效益作出评价和选择，分析生态系统服务调控面临的问题与挑战。构建生态系统服务调控从科学研究向规划实践转型的"科学问题、政策工具"的调控思路，从规划评估、编制、实施和空间治理能力 4 个方面提出调控政策建议。

四、研究方法

（一）文献研究法

文献研究法是对相关主题的国内外的研究热点、重点和难点进行分析整理和重新归类的科学研究方法。该方法是对研究对象的性质、特征、原理和规律等问题进行研究，在对现存理论批判和解构的基础上，建构新的理论框架。通过文献梳理和研究，挖掘生态系统服务权衡的理论、方法和应用存在的不足，发现已有研究在对生态权衡的生态学机理阐释方面不够全面和深入，虽然重视数据分析，但对其生态学过程分析不足。此外，生态系统服务权衡研究的目标是生态调控。目前已有研究侧重对生态系统服务的时空演变、驱动力和生态系统服务之间关系的研究，虽然也提出了一些生态调控的措施，但是由于大多属于宏观的生态管理措施，难以指导实践。虽说科学离开了政策仍然是科学，但是建立科学和政策的研究平台，对提高生态系统整体功能和减缓多种生态系统服务权衡大有益处。

（二）生态系统服务评估方法

目前，生态系统服务评估方法主要包括价值量法、物质量法和能值法。三种方法各具优缺点：价值量法是通过货币衡量生态系统服务价值，便于在不同区域和不同类型的生态系统服务中进行横向比较；物质量法则是直接用物质量大小来衡量生态系统服务价值和功能，能够更好地反映生态系统的结构功能和生态过程，便于对生态系统形成机理进行分析；能值法是将生态系统服务转化为能值单位，可以将研究区经济数据和生态系统服务价值进行比较研究。

本研究涉及生态系统物质量的评估法主要是采用 InVEST 模型评估。该模型是由美国斯坦福大学、大自然保护协会（TNC）和世界自然基金会（WWF）联合研发的生态系统服务综合评估模型，是目前应用最广泛的物质量评估方法。该模型可以量化多种生态系统服务功能，并且能够实现空间化表达，在空间分析、数据需求和适用性等方面具有显著优势。InVEST 模型的评估结果被应用在世界各地的环境政策制定和区域规划中，取得了良好的应用效果。本研究涉及的物质量评估包括粮食供给、产水量、土壤保持、碳存储和生境质量 5 种方法，具体详见第四章第一部分。

（三）生态系统服务权衡方法

生态系统服务权衡是由于不同时空尺度的人类对生态系统服务的需求不同，对其研究是为了实现不同层次的生态系统服务可持续供给（戴尔阜等，2016；彭建等，2017；Bagstad et al.，2016）。科学度量这种权衡关系对指导生态管理实践具有重要意义。相关的科学研究方法，主要包括统计分析、空间制图、情景分析、模型模拟、多准则权衡分析和生态系统服务流动性分析方法等（Nelson et al.，2009；李双成等，2013；Deng et al.，2016）。这里仅对前三种方法做介绍。

第一，统计分析：是指用统计学方法分析多种生态系统服务之间的数量关系，主要包括相关分析和局部统计分析（戴尔阜等，2016）。相关分析是指研究随机变量（x，y）之间是否存在某种依存关系（Willemen et al.，2010）。局部统计分析主要用来识别生态系统服务的冷热点区域（Qiu & Turner，2013）。本研究主要用来分析多种生态系统服务间的相关系数的大小和显著性。统计分析的方法可以快速识别评估多种生态系统服务之间的关系，在此基础上选择相关性为负值的服务对象进行空间权衡分析。

第二，空间制图：是指根据研究需要，将多种生态系统服务物质量进行时空量化表达的过程。空间制图可以将生态服务的供给、需求及权衡的关系显化地表达在地图上，为决策者提供更加精确易懂的信息（Bagstad et al.，2014）。本研究主要涉及 2009 年、2017 年和模拟的 2030 年多个年份的生态系统服务制图。此外，制图内容还包括变化量以及其他相关的气候要素、土壤要素、空间距离等评估因子。

第三，情景分析：是指根据已有的生态系统服务现状、土地利用和气候变化，预测未来在不同情景下生态系统服务价值总体效益、格局、结构和功能的变化。情景可能包括经济社会发展策略、气候变化、生物多样性保护政策、土地利用变化及相关的政策，将人为因素和自然因素排列组合成多种社会发展情景，揭示不同情景下生态系统服务变化的潜在风险，便于决策者作出科学合理决策。

本研究主要结合现状土地利用和相关政策模拟未来土地利用，在此基础上情景模拟分析生态系统服务功能和作用关系的动态变化。本研究情景设定结合空间政策、转换规则以及土地利用结构调整等模型参数实现，详见第六章第一部分。本研究主要采用的是未来土地利用模拟（future land use simulation，FLUS）模型，该模型具有更好的空间预测能力，数据要求相对较为简单（Liu et al.，2017）。本研究结合 FLUS 模型和 InVEST 模型，对 2030 年土地利用和生态系统服务及相关关系进行情景分析。

（四）空间分析法

GIS 空间分析法是利用 ArcGIS 实现对栅格数据、矢量数据等空间数据的存储和分析，通过分析获取位置、面积、形态和变化等空间信息。本研究涉及的空间数据包括土地利用数据、遥感数据、植被指数（NDVI）、净初级生产力（NPP）、降雨、温度、多种生态系统服务空间分布（产水量、土壤保持、粮食供给、生境质量等）。本研究将会对以下方面进行分析评估：一是对研究区土地利用变化进行用地转移分析；二是对生态系统服务供给和需求时空格局及其驱动力进行空间分析；三是应用空间分析算法（如相关分析），对生态系统服务的空间权衡或协同关系进行判定；四是使用局部统计法，识别生态系统服务重点区域，从空间上厘清生态系统服务提供地和需求者的位置属性和需求量等信息；五是利用GIS空间分析，对不同生态系统服务进行空间统计分析，利用栅格计算器对生态系统服务权衡关系指数评估。

五、研究思路

本书的研究思路如图1-1所示。在研究开始前，对生态系统服务的理论问题和现实背景进行考察，提出研究的主题。在此基础上，通过文献综述，进一步明确研究的切入点，提出生态系统服务调控的理论框架。对相关概念和基础理论进行阐述，从识别生态冲突和关键生态问题入手，进一步明晰土地利用与生态变化的过程，再试图构建生态系统服务调控的政策体系。接下来，通过生态系统服务评估、土地利用变化、土地利用规划对生态系统服务的影响、生态系统服务内部的权衡关系，以及模拟东营市2030年土地利用和生态系统服务的情景等实证研究，探索评估、机理和调控的政策体系。

六、研究区概况

（一）研究区选择

黄河三角洲高效生态经济区（以下简称黄三角地区），作为山东省的

```
┌─────────────────────────────────────────────┐
│   理论问题        现实背景                     │
│        └───┬───┘                              │
│        确定主题                               │
│        ┌───┴───┐                              │
│   文献综述       数据收集                      │
└─────────────────────────────────────────────┘
                    ↓
┌─────────────────────────────────────────────┐
│        生态系统服务调控理论框架                 │
│   可持续发展理论  生态系统生态学   系统论       │
│   识别生态冲突及  理解土地利用与其引 从土地利用、规划管理等│
│   关键生态问题    起的生态变化过程  视角提出生态调控手段│
└─────────────────────────────────────────────┘
                    ↓
┌─────────────────────────────────────────────┐
│              生境质量                          │
│              产水量                            │
│   东营市生态系  土壤保持    整体效益            │
│   统服务物质量              ↕      生态系统关   │
│   评估        食物供给    权衡关系   键问题识别  │
│              碳存储                            │
└─────────────────────────────────────────────┘
                    ↓
┌─────────────────────────────────────────────┐
│   东营市土地   生态系统服务                     │
│   利用变化              ↕      生态系统服务     │
│                                冲突区域        │
│   东营市土地   新增建设用地区    及生态过程     │
│   利用规划的                                   │
│   影响        土地整治区                        │
└─────────────────────────────────────────────┘
                    ↓
┌─────────────────────────────────────────────┐
│ 情景模拟                                       │
│   FLUS模型                                     │
│            多情景土地  多情景生态系  优化方案   │
│            利用      统服务对比    选择        │
│   情景设定                                     │
└─────────────────────────────────────────────┘
                    ↓
           政策启示与研究结论
```

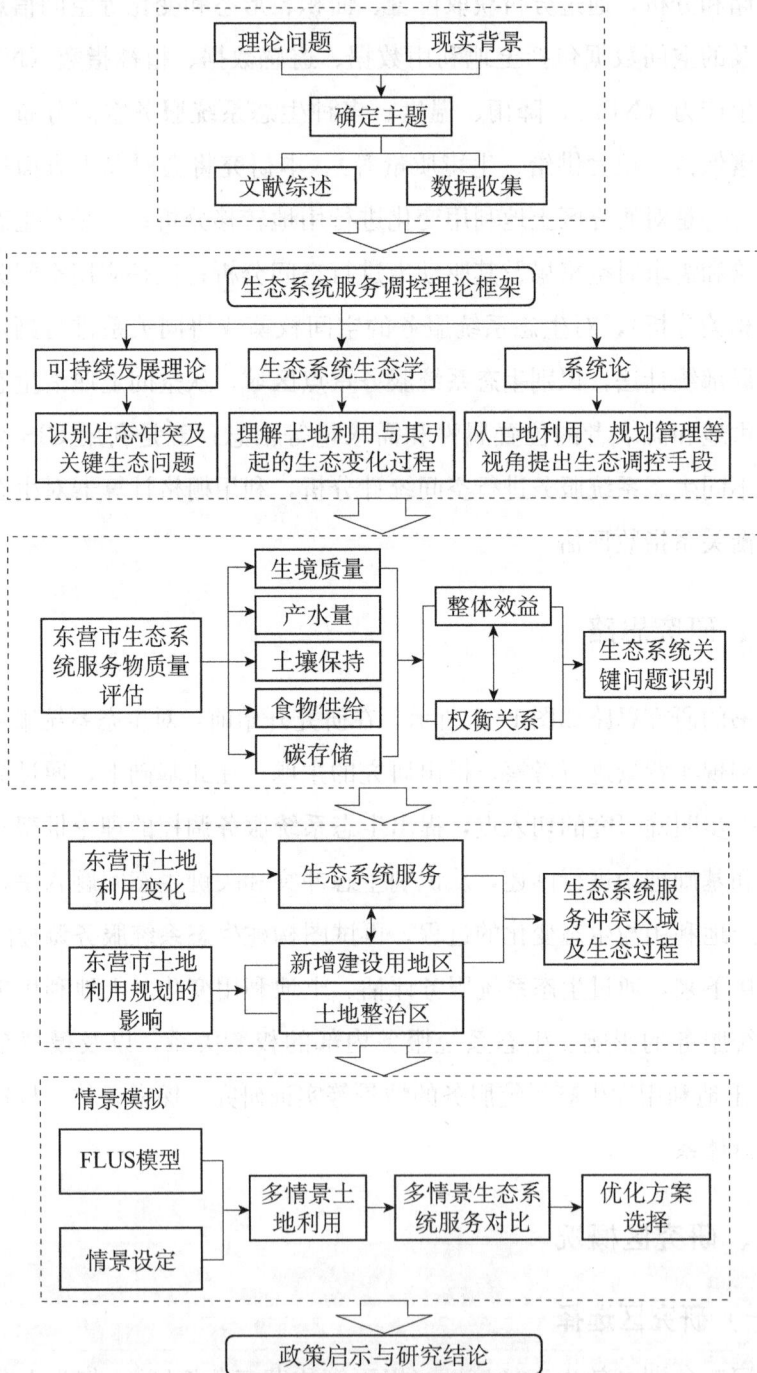

图 1-1　研究思路图

"一体两翼"区域发展格局中的"北翼",是国务院 2009 年批复的国家区域协调发展战略的重要区域。黄三角地区的战略定位是:全国重要的高效生态经济示范区、特色产业基地、后备土地资源开发区和环渤海地区重要的增长区域。此外,2015 年国务院又正式批复设立了"黄河三角洲农业高新技术产业示范区",是全国第二个国家级农业高新区。

黄三角地区是重要的产粮基地。统计资料显示,2016 年,黄三角地区 19 个县区粮食总产量为 810.38 万吨,人均粮食产量 779.53 千克,远远高于山东省人均粮食产量和全国人均粮食产量(见表 1-1)。根据《国家粮食安全中长期规划纲要(2008—2020 年)》,2010 年我国居民人均粮食消费量为 389 千克,黄三角地区人均粮食产量富足,是 2010 年人均粮食消费水平的 2 倍多。

表 1-1　2016 年人均粮食产量对比

地区	粮食产量(万吨)	人口(万人)	人均粮食(千克/人)
黄三角地区	810.38	1039.57	779.53
山东省	4700.70	9947.00	472.57
全国	61625.00	138271.00	445.68

数据来源:《中国农村统计年鉴》、《中国统计年鉴》和相应城市统计年鉴。

黄三角地区多重生态界面交织,土地盐碱化程度高,林地覆盖率低,生态系统脆弱,资源环境承载力较弱。黄三角地区淡水资源不足,该地区地表水资源量为 17.3 亿立方米,地下淡水资源量为 16.65 亿立方米,多年平均淡水资源总量为 29.2 亿立方米。按照 2010 年的人口计算,人均占有淡水资源量仅为 296 立方米,低于全省平均水平;如果把黄河客水资源计算在内,人均占有淡水资源也仅为 502 立方米,略高于国际人口行动组织报告的 500 立方米,属于严重缺水区(任梅,2017;张玉泽,2017)。多年平均引黄水量占该区域总供水量比例超过 50%。

在城市化和自然环境变化的影响下,黄三角地区面临严峻的生态环境功能退化和资源约束等问题。主要表现为以下几个方面:(1)自然资源空间遭到破坏，如城市扩张对森林、湿地等空间的侵占，导致生态系统自净能力退化严重，人与自然矛盾重重（夏楚瑜等，2017）。（2）近年来，随着泥沙在河口大量淤积导致下游河道变宽、流速变缓、河床抬高，以及黄河断流，黄三角地区面临着自然湿地严重萎缩、生物多样性衰退等一系列的生态环境问题。（3）黄河间歇性断流，黄三角地区的农业生产和生态用水受到一定的影响，使得可利用淡水资源更加稀缺。

东营市地处黄河三角洲入海口处，是黄三角地区核心城市（见图 1-2）。作为黄河流域生态保护和高质量发展的重要城市，东营市面临着社会经济发展、粮食安全保障和生态保护的多重压力和挑战。本研究选择东营市作为研究区，研究其生态系统服务调控和可持续土地利用等问题，可以为黄河流域生态保护和高质量发展提供参考。

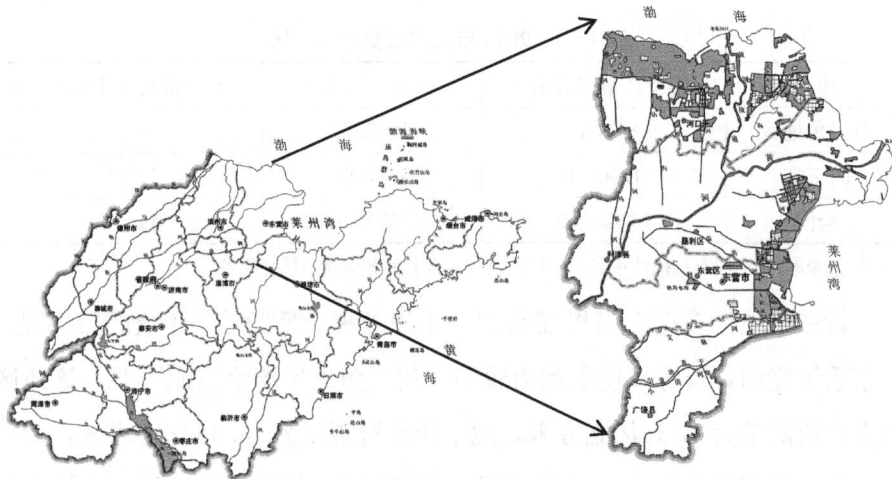

图 1-2　研究区位置示意图①

（二）东营市概况

东营市地处中纬度，背陆面海，属于暖温带大陆性季风气候。多年平均气温 12.8℃，≥10℃的积温约 4300℃，年平均降水量 555.9 毫米，降水

---

① 本图基于山东省标准地图服务下载的标准地图制作，底图无修改。审图号：鲁 SG（2022）002 号，山东省自然资源厅监制，下同。

量年际变化大，多集中在夏季。黄河上游携带的大量泥沙沉积物每年在黄河入海口沉积，形成大面积的陆地生态系统、水生生态系统及河口湿地生态系统。黄河入海口是在 1855 年黄河决口后改道从利津县流入渤海，2010 年黄水利河委员会启动黄河故道（刁口河流）过流实验，尝试向尾闾湿地补给淡水，保护国家级自然保护区生态环境。2000 年以来，每当黄河流域发生旱情，都会通过科学合理的调度进行淡水补给。黄河入海口和黄河故道见东营遥感图（见图 1－3）。东营地势平坦，高程较低，沿海部分区域高程在海平面以下，整体地势沿黄河走向自西南向东北倾斜。

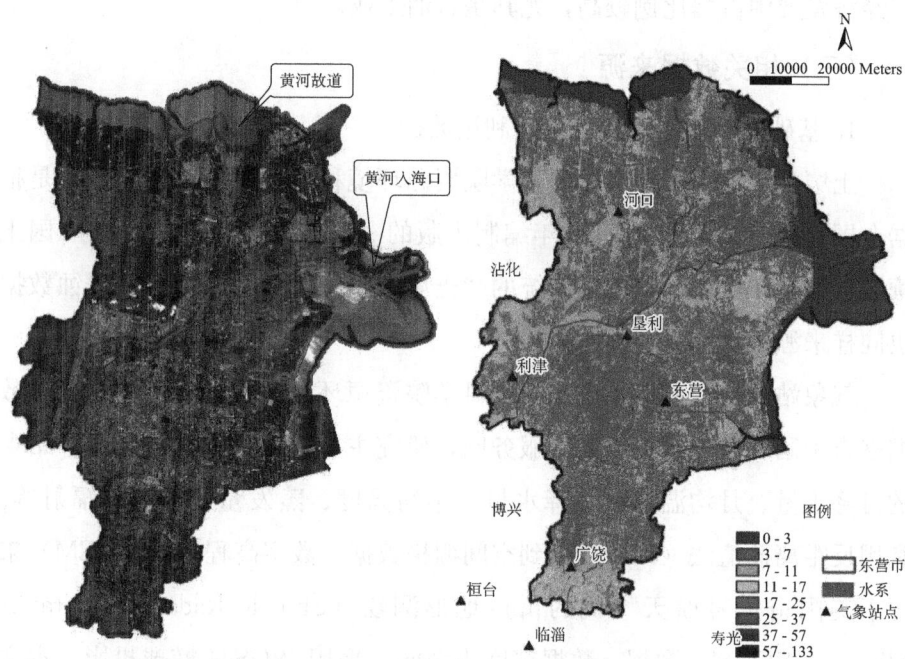

图 1－3 东营市遥感图（左）及高程图（右）

东营境内拥有丰富的动植物物种。农作物有数百个品种，境内有 367 种鸟类，占全国鸟类总种数的 21％，水生动物有 641 种，其中淡水鱼类 108 种、海洋鱼类 85 种（《东营市 2018 年统计年鉴》）。但是，由于气候、地理和海陆相互作用，东营的生态环境比较脆弱。主要表现为以下两个方面：一是该地区存在大量分布广泛的盐碱地，林地覆盖率低；二是东营虽然紧靠黄河，但却极度缺乏淡水资源，城市超过90％淡水资源来自黄河客水资源，人均水资源量仅为全国平均水平的11％。

根据东营市2018年统计年鉴，2017年全市常住人口为195万人，全年生产总值为3801.78亿元，三产比例为3.3∶62.9∶33.8。城镇居民人均可支配收入为44763元，农村居民人均可支配收入为16252元，分别高于山东省平均水平21.67％和7.50％。2017年东营市城市化率67.75％，相较于2009年58.50％，提高了9.25个百分点，也高于山东省2017年城市化率60.58％。东营市整体经济社会发展水平高于全省平均水平，工业在经济发展中占据比例较高，尤其是石油工业。

（三）相关数据来源

1. 基础地理信息及国土空间利用数据

土壤分类数据来源于中国科学院资源环境科学数据中心，该数据是根据全国土壤普查办公室1995年编制出版的《1∶100万中华人民共和国土壤图》数字化生成，采用了传统的"土壤发生分类"系统。土壤侵蚀数据也同样来源于此。

气象站点坐标数据来源于中国科学院资源环境科学数据中心，气象数据来自中国气象科学数据共享服务网，研究主要提取的要素包括各个站点的月降水量、月均温度、年降水量、年均温度、蒸发量、太阳总辐射等。利用反距离插值法（IDW）得到空间栅格数据。数字高程数据（DEM）来源于美国奋进号航天飞机的雷达地形测绘（Shuttle Radar Topography Mission，SRTM）数据，数据精度为30m，采用WGS84椭球投影。本文使用的植被净初级生产力（NPP）来自美国陆地过程分布式数据档案中心（Land Process Distributed Active Archive Center，LPDAAC）最新的MODIS C6的MOD17A3H数据产品（https：//lpdaac.usgs.gov/），空间分辨率为500m，时间分辨率为年。归一化植被指数（NDVI）来自美国国家航空航天局（NASA）提供的MOD13Q1级植被指数产品，空间分辨率为250m，时间分辨率为16d。首先使用MRT（MODIS reprojection tools）

进行格式转化和重投影，然后在 ArcGIS 中对相关数据的拼接和剪切处理。

本书所用国土空间利用数据来源于地理监测云平台（http：//www.dsac. cn/），部分数据来自自然资源管理部门。文章根据研究需要对遥感影像数据融合、几何校正、图像增强与拼接处理，通过人机交互目视解译的方法得到相关数据，并根据研究需要进行归类合并和融合处理。

2. 其他数据

经济社会数据主要包括粮食播种面积和产量，来源于《山东省统计年鉴》（2002—2017 年）和《东营统计年鉴》（2002—2017 年）。土地利用规划文本和矢量数据来源于《东营市土地利用总体规划（2006—2020 年）》。人口和 GDP 空间数据（1km）主要来自中科院资源环境科学数据中心。建成区、铁路、公路和河流等数据来自地理国情监测云平台。

第二章

国内外研究进展与述评

一、生态系统服务评估研究

(一) 生态系统服务概念内涵与理论基础

生态系统服务最早是由 Ehrlich 等人（1981）在"生态系统功能""环境服务""全球环境服务""自然服务"等概念基础上发展而来的。Costanza 等人 1997 年在 *Nature* 杂志上提出了"全球生态系统服务价值"和"自然资本"两个概念，明确了生态系统服务的科学意义。生态系统服务是形成和维持人类赖以生存和发展的物质条件与效用（Daily，1997；Ouyang et al.，2016），是人类直接或者间接从生态系统功能中获得的产品和服务（Costanza et al.，1997）。生态系统服务内涵比较见表 2 - 1。

表 2 - 1　生态系统服务内涵比较

来源	概念内涵
Daily 等 （1997）	生态系统服务是生态系统及其所包含的物种用以维持和满足人类需求的条件和过程
欧阳志云 和郑华 （2009）	生态系统服务功能是指生态系统和生态过程所形成及所维持的人类赖以生存的自然环境条件与效用，包括自然资本的能流、物流、信息流构成的人类福利。生态系统服务功能的维持与提供离不开三大要素：生态系统结构、生态系统过程和生境
Turner 等 （2007）	注重生态系统服务经济价值评估的技术与方法研究

（续表）

来源	概念内涵
Naeem 等（1994）	更关注生态系统服务变化的机制，特别是生物多样性与生态系统变化之间的相互作用
Costanza 等（1997）	从经济学角度研究生态系统服务的经济价值
MA（2005）	全面地关注生态系统服务概念、与人类福利之间关系、变化驱动因子、评价的尺度、评价技术与方法、评价过程中的分析方法以及评价结果与最终的政策制定

生态系统服务功能的科学分类，是明晰人地关系的前提，也是生态系统服务价值评估与应用的基础（欧阳志云等，1999；Tallis et al.，2008；Carpenter et al.，2009）。目前国内外生态系统分类包括功能分类、组织分类、描述分类。组织分类指的是与某些物种相关的服务或与生物体的组织相关服务；描述分类指生物服务、生物地化服务、信息服务、社会文化服务以及可更新资源物品、不可更新资源物品等。这两种分类方法较为模糊、不够明确，不如功能分类直观。国内外主要有三种功能分类方案：Daily 将生态系统服务分为13类；Costanza 等将生态系统服务分为17种类型；联合国千年生态系统评估（MA）将生态系统服务分为供给服务、调节服务、文化服务及支持服务4个大类（见表2-2、表2-3）。供给服务是指生态系统生产或提供的产品，如食物、纤维、木材和淡水等物质资源；调节服务是指调节人类生态环境的功能，包括防洪调蓄、气候调节、地球化学循环等；支持服务是支持其他服务存在的基础功能，如土壤保持、生物多样性等；文化服务是人们通过精神满足、认知发展、思考和美学体验而从生态系统获得的非物质收益，如精神、娱乐和文化收益。

表2-2 生态系统服务分类比较

来源	分类方法	类型
Costanza 等（1997）	17种类型	气候调节、气体调节、扰动调节、水调节、废物处理、水供给、食物生产、原材料、基因资源、侵蚀控制和沉积物保持、土壤形成、养分循环、传粉、生物控制、避难所、休闲、文化

（续表）

来源	分类方法	类型
Daily（1997）	三分法	提供生活与生产物质基础、维持生命系统和提供生活享受
de Groot 等（2002）	四分法	生产功能、承载功能、调节功能和信息功能
MA（2005）	四分法	供给服务、调节服务、支持服务和文化服务

表 2-3 MA 生态系统服务详细分类

一级类	二级类
供给服务	食物生产、原料生产、水资源供给
调节服务	气体调节、气候调节、净化环境、水文调节
支持服务	土壤保持、维持养分循环、生物多样性
文化服务	美学景观

对于人类来说，生态系统服务具有直接的使用价值和间接的非货币价值。人类开发利用自然生态系统过程中，常常忽视自然生态系统所具有的生态价值（Costanza et al.，1997；谢高地等，2006）。欧阳志云和郑华（2009）认为，生态系统服务管理的基本前提是全面认识生态系统服务存在的直接和间接价值，以及生态系统服务产生和消失的生态过程。生态系统结构、生态系统过程和生境是生态系统服务功能供给和支持的核心要素。

自生态系统服务这一概念诞生以来，生态系统服务理论、评估和应用就逐渐成为生态学、地理学、管理学等学科的研究重点和热点。而后，Costanza 等（1997）评价了全球尺度的生态系统服务经济价值（16 万亿美元～54 万亿美元）。Daily 等则定量评估了生态系统的功能和过程对区域、流域等尺度的自然资源和资产价值。2001 年 MA 提出的生态系统服务分类体系被国内外学者广泛应用，MA 全面探讨了其理论概念、评价方法、驱动因素、尺度问题、与人类福祉关系以及现实世界政策问题。

生态系统服务概念的提出产生了新的思想方法思考环境问题和规划问题（Fish，2011；Danley & Widmark，2016；Steger et al.，2018）。例如，美国环境质量委员会和科技政策办公室要求所有联邦结构将生态系统服务因素纳入决策。经济合作组织（2008）、环境署（2014）和世界资源研究所（Landsberg et al.，2013）等组织制定了关于生态系统服务纳入环境评估的指导材料（Baker et al.，2013）。欧盟 FP7 项目 OPERAs（http：// www. operas-project. eu/）和 OpenNESS（http：//www. openness-project. eu/）也在努力开发整合基于生态系统服务的决策支持工具。将生态系统服务的价值理念和研究方法应用于空间规划中在美国也有很好的案例（Schaefer et al.，2015）。Arkema 等（2015）通过考虑人类活动对服务的影响空间变化，改进利益相关者和政策制定者对生态系统的使用，降低生态风险。通过应用一定的方法和工具使得规划者将生态系统服务纳入现实世界的决策，指导海洋和海岸带生态系统保护和对人类的福祉（Barbier et al.，2008）。总之，生态系统服务已经从概念界定、评价方法、分类体系等理论研究走向了功能管理、空间规划、土地利用及生态补偿等实践研究（Daily et al.，2009；Sun & Li，2017；Xu et al.，2018）。但傅伯杰和于丹丹（2016）指出，当下生态系统服务的应用性研究在生态学基础理论方面还很薄弱。这是由于人们对生态系统的复杂结构和功能过程认识的不统一，评估结果存在偏差、可信度遭受一定程度质疑，对其精确模拟和预测更无法令人满意。

生态系统服务分类和评估是极其复杂的，但是评估其价值和功能是直观认识生态系统服务、实现生态系统服务综合管理的基础（Egoh et al.，2008；Ruiz-Frau et al.，2019；Costanza，1997）。定量的评估使得人们认识到在固定的区域和时间内，人们很难同时获得每一种生态系统服务的最大供给和惠益。生态系统服务调控的目的就在于减少权衡和冲突，防止某一种具有重要功能的生态服务消失，进而提升整体生态系统服务功能和人类的福祉。

（二）生态系统服务评估方法研究进展

生态系统服务的权衡与调控研究，依赖于生态系统服务的测算。以下主要对能值评估法、价值量评估法和物质量评估法的研究进展进行综述。

1. 能值评估法

能值评估法是指根据能值转化率，将物质转换为太阳能单位的评估方法，其数值的大小可以用来反映生态系统服务价值的异同。由于地球上物质、能量和信息以不同形式存在，度量单位不同，Odum 基于能量学、生态学、经济学等知识，创立了能值理论和方法。该方法通过对全球能值基线核算各类物质和能量的能值转换率，转换后用太阳能焦耳（solar emjoules，sej）来计量。使用能值分析可以将研究区经济数据和生态系统服务价值进行比较研究，能够将自然对经济活动的贡献测度出来，更好地服务实践（Odum，1996；王成栋，2017；Tilley & Brown，2006）。根据热力学第二定律，生态系统能量在低能质和高能质之间不停转化和传递，在此过程中会有不同程度的能量耗散（李婷婷，2017）。

能值评估法由于其显而易见的特点，在国内外应用颇广。针对中国农业生态系统，相关学者基于能值理论和方法，绘制农业生产系统能值流动模型图并与其他国家进行对比（蓝盛芳等，1998；李婷婷，2017）。为了解决湿地生态过程的复杂性，杨青和刘耕源（2018）构建了生态系统服务能值评估框架，并以珠江三角洲城市群为例进行核算，为该区域湿地生态系统保护与管理提供了决策依据。Zhan 等（2019）运用能值分析法对上海崇明岛生态系统服务功能进行评价，并提出了促进土地利用规划和恢复/维持生态系统服务的政策选择。为了评价城市发展导致的城市可持续性和生态整体功能的变化，相关学者以广州市的卫星城为研究对象，基于能值理论和方法，对城市的经济社会和生态子系统可持续性进行评价（Zhang et al.，2017）。部分学者利用动态能值分析法针对巴西 Taquarizinho 流域的农业生态系统进行评估和模拟，研究分析水循环和碳循环等地球化学过程对土地利用变化的响应（Watanabe & Ortega，2014）。Wang 等（2016）利用能值分析法和 GIS，研究了日本北海道可再生资源和净初级生产力的空间分布。

2. 价值量评估法

价值量评估法是衡量生态系统服务经济价值的方法（de Groot et al.，2002；Vermaat et al.，2016），该方法的优点在于数据相对较为简单、容易获取，在国内外都获得了众多应用。研究显示，该方法的特点在于统一了核算体系，便于同一地区、不同类型的生态系统服务价值的比较，也可以将其价值与地方经济发展水平进行对比，彰显其可利用价值。此外，价值量评估的结果可以应用在生态补偿和生态效益核算等方面（谢高地等，2003；李文华，2006）。价值量评价方法是市场交易价值的体现，缺点在于评估结果具有较强主观性，不同地区的土地单位价值量也难以统一。Lerouge 等（2017）认为价值评估方法有两面性，评价结果能够在不同的生态系统服务之间作比较，更重要的是能够和经济指标作比较。但是该方法目的不在计算其绝对价值，也不在将其商品化。生态系统服务的量化和估值存在一定的不确定性，预测改善和处理这种不确定性有助于改善政策制定和决策过程。鉴于此，中国学者结合生态问卷调查和生物量因子的校正，提出了适合中国国情的生态系统服务价值当量表，并对青藏高原不同生态资产的服务价值进行了估算（谢高地等，2003）。2008 年谢高地等人对中国生态学领域的专家学者进行调查问卷，进一步完善了适合中国的新生态系统服务评估单价体系，评估结果具有快速和精确的特征。2015 年，谢高地等再次改进、修正和完善了单位面积价值量的方法，并评价了全国14 种生态系统类型和 11 大类生态系统服务功能的价值，实现了时间和空间上的动态评价。

基于价值量评估的研究和应用较为广泛。有学者在生态用地内涵辨析和分类的基础上，评价了中国生态用地生态系统服务价值，发现 2012 年全国生态用地的生态系统服务价值为 280483.8 亿元。研究发现，生态系统服务价值具有显著的空间异质性，2009—2012 年生态价值整体呈下降趋势，生态功能受到一定程度损失（管青春等，2018）。也有部分学者在省级层面评估生态系统服务价值的时空变化，并与退耕还林和耕地占补平衡等政策结合起来分析（赵永华等，2011；Zhang et al.，2020）。重要生态功能区、典型生态脆弱区的生态系统是国家和地区重要的生态安全屏障，具有十分重要的生态保护价值（Wang et al.，2019；Yang et al.，2020）。相关学者也在对不同区域和不同时间段的生态区进行评估，为地区生态管理和生态安全格局构建提供有效参考依据（王燕等，2014；涂小松和龙花楼，2015；马依拉·热合曼等，2018；杨青和刘耕源，2018；刘慧明等，2020）。此外，部分学者研究土地利用变化和生态系统服务价值的相互关系，以及如何利用生态系统服务价值量动态评估实现对土地利用结构和空间布局的优化（刘桂林等，2014；王燕等，2014；徐煖银等，2019；Msofe et al.，2020；Zhao & Fan，2020；李子君等，2020）。

3. 物质量评估法

物质量评估法反映的是物质生产能力的大小，反映的是客观的生态系统服务的功能大小。该方法的特点是能够反映生态系统服务价值的客观价值和相对价值大小，与能值法和价值量法有很大不同（de Groot et al.，2002；傅伯杰和张立伟，2014；Deng et al.，2016；李双成等，2018）。但是，由于缺乏统一的核算体系和量纲，不同类型的生态系统服务大小无法形成总体生态系统服务功能的比较。物质量评估方法是生态系统结构功能的反映，是生态过程分析的基础，这对于分析大尺度生态系统服务的可持续性十分重要（周方文等，2015；Bai et al.，2018；Wei et al.，2020；杨园园等，2012）。生态系统是一个开放、流动的空间，在大尺度上利用物质量评估法研究物质、信息和能量流动具有更大的生态学价值（赵景柱等，2000；杨园园，2012）。生态系统服务物质量评估方法反映的是水源涵养的数量、碳固定的数量和保持了多少土壤等具体存在的物质量。因其是研究生态系统过程的物质基础，是生态系统服务供给需求的真实客观写照，成为国内外生态系统服务评估及生态功能和过程研究的常用方法。国内物质量评估模型主要用于评估产水量、水源涵养、土壤保持、植物生长、净初级生产力等，国外对气候调节、海产品、食物生产、燃料、土壤形成、温度调节、营养循环、栖息地与生物多样性维持及景观娱乐、文化教育等方面的评价较多（赵永华等，2011；包玉斌等，2016；Xu et al. 2018；何莎莎等，2019；黄木易等，2019；Garcia et al.，2020；Hu et al.，2020）。如部分学者对以物质量评估法对流域、省、市等不同空间尺度进行时空格局变化研究（潘韬等，2013；包玉斌等，2016；谢余初等，2017；刘园等，2019；Hu et al.，2020），研究土地利用对生态系统服务的驱动和影响（李屹峰等，2013；包玉斌等，2015；刘晓娟等，2019；Hu et al.，2020），以及多种生态系统服务之间相关关系（Jia et al.，2014；孙艺杰等，2017；王鹏涛等，2017；王蓓等，2018；Li et al.，2020）。将"生态系统服务"纳入资源管理决策，一直是学界和实践界的共识，通过物质量评估明确生态服务的水平和分布，学者以美国俄勒冈州 Willamette 盆地为案例，研究土地利用规划方案（Nelson et al.，2009）。Goldstein 等（2012）评估分析了夏威夷 7 个规划方案的碳储量、水质、粮食生产等多种生态系统服务，试图在减缓气候变化、粮食安全和农村经济就业机会多样化等多个政策目标上实现平衡。郑晶（2009）构建了基于生态系统服务价值的多目标线性规划模型，提出了土地利用结构调整的规划优化方案。王军和钟丽娜（2019）从理论上探讨了生态系统服务理论在山水林田湖草中的应用分析框架，提出如何推动山水林田湖草生态保护修复工程。亦有专门评估农业生态系统的授粉、生物虫害控制、水分服务和养分循环等生态系统服务，提出适当的农业管理有助于在减少农业活动损害的前提下实现生态系统服务的提升优化（Swinton et al.，2007；Power，2010）。

　　基于物质量测算方法，主要得益于生态系统服务评估模型的应用和计算机技术的进步。基于物质量的评估模型，能够更好地反映生态系统服务功能的空间分布和相对大小。常用的评估模型有 InVEST 模型、SoLVES 模型（Sherrouse et al.，2014；王玉等，2016；赵琪琪等，2018）、ARIES 模型（Bagstad et al.，2014；彭建等，2017；李双成等，2018）等。InVEST 模型的应用最为广泛和成熟，在各个国家和地区都得到了应用，该模型评估精度较高，与输入的数据精度有关，模型较为简洁和实用，操作简单（Deng et al.，2016）。

（三）InVEST 的发展与应用进展

InVEST 即"生态系统服务功能与权衡交易综合评价模型"，该模型能够实现对生境质量、生态系统退化空间、碳固存、水源涵养等生态系统服务的量化评估，并能揭示生态系统服务物质量空间分布的综合评估模型。

该模型开发的最初目的是实现自然生态功能的空间化，更加直观和简洁地展示景观的价值，为科学家和决策者研究和制定经济发展和环境保护的政策作决策（Sharp et al.，2015；侯红艳等，2018）。该模型不仅实现了生态系统服务功能的空间化，而且可以预测和情景模拟未来生态系统服务变化。该模型实现了不同地区不同生态系统类型的动态化、实时化的评估，具有很好的应用前景。目前这一模型经过不断地改进和发展，已经进化到 3.89 版本。得益于计算机技术的发展，该模型不断地将各种功能模块化，多种模块既相互联系，又相互独立，研究者可以根据自身需要评估和模拟出不同 LUCC 情景下多种生态系统服务功能。

世界自然资本项目（The Natural Capital Project）将 InVEST 模型的评估结果应用到了 20 多个地区环境政策制定中，为相关区域内的政府、组织、机构和大众提供环境服务信息。通过文献梳理发现，模型的发展大致经历了三个阶段。

第一阶段：生态系统服务功能评价阶段。生态系统服务功能评价是 InVEST 模型的基本功能之一。模型问世以来，国内外学者利用模型在不同尺度上探索了不同的案例（Nelson et al.，2009；Jiang et al.，2017）。评估了产水量、碳储量、土壤保持、营养物质保持、水质净化、生境质量和生物多样性等各类生态系统服务功能（Brown & Quinn，2018；Nguyen et al.，2019）。评估表明，InVEST 模型具有良好的空间表达功能，具有动态化、空间化、多层次和多模块的优势，在空间分析功能、数据需求和适用性等方面具有显著优势。自 2007 年发布第一版模型以来，该模型在全球得到了广泛的应用。例如，评估美国西南部的内华达山脉区域的产水量、碳储量、土壤保持和生物多样性（Haunreiter，2008），评估美国南加州 65 个流域生境质量、碳存储、营养物质和沉积物输送等生态功能（Brown & Quinn，2018）。在非洲地区，Leh 等（2013）利用 InVEST 模型评估了非洲西部地区产水量、碳固定、营养物质维持、沉积物截留等生态系统服务功能，进而探索土地管理者在多情境下的管理策略。Rukundoa 等（2018）则评估了卢旺达 1990 年、2000 年和 2010 年碳存储、土壤输出、产水量和 N/P 输出。在亚洲地区，Nguyen 等（2018）利用 InVEST 评价了越南的碳储存、碳固定、沉积量和产水量，进而研究三种森林治理方式所产生的生态系统服务变化。中国学者则在不同的流域和重要生态功能区进行了评估，涉及的生态系统服务功能较为全面，使用的模块也基本覆盖模型的功能（潘韬等，2013；谢余初等，2017；Xu et al.，2018）。该模型自引入中国以来，评估经历了从单一功能评估到多功能评估，评估对象也由山区森林系统向流域和湿地生态系统扩张和延伸。

第二阶段：生态系统服务之间的关系研究。随着人类对生态系统服务的深入了解，发现仅仅量化评估区域生态系统服务远远不够。对生态系统服务之间复杂关系（如权衡和协同）的研究，将模型带入了另一个阶段。如针对伊朗东北部 Gorganrood 流域三种生态系统服务土壤保持、生境质量和粮食供给之间的权衡研究，研究使用了 InVEST 和 CA-MC（元胞自动机-马尔科夫链）模型分析模拟了多情景生态系统变化（Asadolahi et al.，2018）。Nelson 等（2009）应用 InVEST 评估俄勒冈州威拉米特盆地的生物多样性和生态系统服务之间的关系，认为以此空间明确的量化生态系统服务并分析它们之间的关系，可以使得自然资源决策更加有效、高效和合理。针对中国的长江经济带、京津冀地区、白洋淀流域和石羊河流域等重要的经济带和生态功能区进行了评估和研究，考察了水资源保护、土壤保持、碳固存、生物多样性、生境质量等多种生态系统服务之间的关系

(Xu et al. ，2018；王蓓等，2018；白杨等，2013；吴健生等，2015)。

第三阶段：与其他模型结合进行多情景模拟分析。InVEST 模型功能齐全，虽然自身也在不断地迭代，而且也有部分学者对模型进行了修正，以适应不同地区的生态环境系统 (Terrado et al. ，2016)，但是自身的技术层面的进展似乎不多。由于生态系统服务研究主要是为了给决策者提供生态信息，因此相关学者将该模型与其他模型结合应用 (Nelson et al. ，2009；Terrado et al. ，2016；刘晓娟等，2019)。例如，结合 InVEST 生态功能评估模型和 CLUE-S 土地情景模拟模型，研究如何利用生态系统服务评估为土地利用规划和划定生态红线服务 (雷军成等，2017；Bai et al. ，2018)。

二、生态系统服务空间权衡研究

(一) 概念内涵与理论基础

权衡 (trade-off) 一词的原始含义，是在经济学中表达社会的生产边界。由于"能够生产不同商品的总资源限制需要在相对稀缺的商品之间进行选择"的基本经济事实，产生了权衡取舍 (Samuelson，1970)。权衡有如下几大特征：(1) 资源有限性；(2) 人类需要对如何利用资源进行选择；(3) 选择涉及以每种选择所需的商品和服务的放弃为代价 (TEEB，2010；UKNEA，2011；Felipe-Lucia et al. ，2015)。Holling 和 Meffe (1996) 在研究自然资源管理时，发现试图优化单项服务的供给通常会导致其他服务的降低或损失。

从理论上来说，每一种生态系统服务功能都有其存在的价值，不论是粮食供给、土壤保持，还是水质净化和固碳释氧 (Mach et al. ，2015；Asadolahi et al. ，2018)。但是，在限定的区域和一定的时间区间内，这些资源是有限的，很难同时满足所有生态服务的供给。当人类的需求远远小于自然资源所能供给的生态服务时，这类矛盾和冲突是不存在的。但是当人类的需求大于自然资源承载能力或者接近饱和时，人类就需要为如何利用自然资源提供的生态服务进行配置和选择。例如，在物质条件很难得到满足时，人类关心的往往是粮食供给的需求，而不会关心固碳释氧和生物多样性等生态功能。在贫困的山区，尽可能地开垦山坡地来种植粮食以维持生计，而不会去考虑如何对山体进行土壤保持和水质净化。

此外，人类对于不同区域和经济社会发展阶段的生态系统服务的选择是有偏好的（傅伯杰和于丹丹，2016）。也就是说，他们在选择某种特定的生态系统服务时，往往会有意无意地忽视其他生态系统服务，甚至以牺牲其他生态系统服务为代价。根据马斯洛需求层次模型，在权衡决策时，人们常依次倾向于关注供给服务、调节服务，其次才是文化服务和支持服务（戴尔阜等，2016；彭建等，2017；李鹏等，2012）。

生态系统服务权衡是一种生态系统服务的提高以另一种或者多种生态系统服务的降低为代价的现象（戴尔阜等，2015）。它作为一种平衡和选择，可以被当作对生态系统服务间关系的综合把握和平衡。正确地理解生态系统服务权衡，是开展生态系统服务管理和促进区域可持续发展的基础（李双成等，2013；彭建等，2017）。需要从生态系统形成机理、空间流动、区域分异、动态消长、驱动因素、尺度依存特征及与人类福祉的关联性等方面研究，需要结合生态学、地理学和管理学等自然和社会科学联合研究（Willemen et al.，2010；林泉和吴秀芹，2012；彭建等，2017；戴尔阜等，2015；戴尔阜等，2016）。一方面需要认清生态系统服务的功能和权衡发生的生态学机制，另一方面需要与人类福祉和规划管理措施结合起来，实现从科学向决策的跨越。

从生态学角度来说，每一种生态系统服务都有其功能，当人类将原有的生态平衡打破，使得单一的生态功能受到损害，则会影响到其他生态系统服务的功能，并最终会影响到整体的生态功能和人类福祉（Xu et al.，2014；Fu et al.，2015；Asadolahi et al.，2018）。当生态系统服务在空间上形成"源"或"汇"时，人类对生态系统服务需求发生变化时，生态系统服务在空间上发生流动，从而产生了权衡或协同（Rodríguez et al.，

2006；Fisher et al.，2009），如人类为了粮食的需要，大量砍伐森林资源和开垦湿地资源，造成森林固碳、土壤保持和生物多样性等服务急剧减少。

从与人类福祉关联性讲，生态系统服务可以通过满足人的基本物质需求、健康、良好的社会关系、选择、行动的自由5个方面影响人类福祉（MA，2005）。当然人类也可以通过土地利用、生态红线划定、森林和湿地生态系统管理、退耕还林、退耕还草等各种空间规划和资源管理措施来影响生态系统服务的供给和分布。两者是相互依存和相互影响的。白杨等（2012）通过评价不同土地管理模式下区域生态系统服务关键功能的状态分析浙江省万全镇生态系统服务功能的分布，情景分析也表明保护情景下研究区生态系统服务整体功能总价值高于政策情景。

总之，生态系统服务权衡的研究目标是尽可能地减少或缓解生态系统服务冲突和权衡，以及促进地区可持续发展，提升区域整体效益。从生态学、地理学和管理学等视角揭示其生态学机制，阐述其空间分异和流动特征，提出生态保护和资源管理措施，是生态系统服务权衡和调控研究的理论基础。

（二）生态系统服务权衡类型与表现形式

生态系统服务权衡主要分为空间、时间、利益相关者、可逆性和外部性5个方面。

1. 空间上的权衡（trade-offs at spatial scale）

空间上的权衡是指在同一空间内特定的生态系统服务增加会导致其他服务减少，或者某一区域的生态系统服务的增加会导致其他区域的服务减少的现象。其中最引人关注的是供给服务与其他服务的权衡，上游农业生产提供各种农产品，但同时会减少下游的用水量，施肥还会使水质下降（Pattanayak，2004），毁林开垦在全球范围内改变蒸散作用格局并影响气候（Gordon et al.，2008），人工林在使木材增产的同时会导致河流径流量减少，譬如南非的人工造林所导致的径流量减少量占当地河流径流量减幅

的 1/3，人工林对土壤肥力也有负面的影响。又如 Tilman 等（2002）在
Nature 上发文指出，高度集约化的农业种植方式，很大程度上依赖施肥，
最终对墨西哥湾的渔业造成负面影响。

2. 时间上的权衡（trade-offs at time scale）

时间上的权衡是指生态系统当前与未来利用之间的关系。生态系统具
有自我调节和自我净化的能力。生态系统服务功能的增加或衰退十分缓
慢，甚至短期内看不出变化。一些生态过程所受的影响要经过一段时间，
等变化积累到阈值超出了生态系统的弹性时才能表现出来。譬如农业生产
对生态系统服务的负面效果要一定时间尺度才能表现出来。Diaz 等
（2011）的研究表明，海岸线开发使海水产生低氧环境，长期低氧会造成
海洋动物区系的丢失。

时间上的权衡对生态系统服务造成的影响是多样的。例如，为了获得
耕地面积的增加，将湿地、林地、未利用地开垦为农业用地，并未考虑农
业生产的长期负外部效应，如农业污染和水资源的利用。在不超出自然自
身净化能力阈值的前提下，农业开发可以提升粮食产量，但是，大规模长
期的农业开发引起的自然生态过程，如地下水位下降、土壤板结和农业面
源污染等问题会逐渐暴露出来，有些后果甚至是不可逆的（Rodríguez et
al.，2006）。农业开发可以在解决土地盐碱化问题的同时，增加农业收入。
但是，缺乏对林地、草地生态功能的认识使得人类不加节制地将原始森林
和草地开垦为耕地，这导致了澳大利亚在 1930 年面临严重的土地生态危
机（Anderies，2001）。同样的问题，也出现在中国。黄土高原地区是生态
脆弱区，同时也是贫困集中区。将林地和草地等生态价值较高的地类开垦
为农业用地，增加粮食生产，曾在短期内解决了吃饭问题和经济收入问
题。但经过多年的发展，水土流失问题严重，不仅影响了当地的生态环
境，也影响了黄河下游的输沙量和径流量（支玲等，2003；Jia et al.，
2014）。后来，在国家退耕还林（草）工程实施下，通过生态补偿等政策
手段，完善了相关政策，充分考虑自然条件的差异，逐步改善水土流失等

问题。

3. 利益相关者之间的权衡（trade-offs among stakeholders）

利益相关者之间的权衡，是指一些利益相关者从某一生态系统服务中获益是以其他相关者的损失作为代价（Rodríguez et al.，2006）。例如，陆地生态系统中的土地利用活动通过水文过程影响水调节服务，然后引起依赖陆地生态系统和水生态系统的一系列相关利益攸关方之间的冲突（Silvestri et al.，2010）。在这个案例中，通过明确承认基于生物与物理的权衡的性质，协调利益相关者对生态系统服务的不同偏好，对于确定可持续解决方案至关重要（Cavender-Bares et al.，2015）。

4. 可逆性方面的权衡（trade-offs in terms of reversibility）

生态系统自身拥有恢复力和弹性，在遇到外部干扰时，能够自我恢复到原先的状态。如果超出了生态系统自身恢复能力的最大值，则即使干扰因素褪去，也无法回到原始状态，成为权衡的不可逆，否则就是可逆性权衡。或者说，生态系统服务的可逆性意味着一旦扰动停止，生态系统服务受到干扰的可能性就会逆转回到原始状态（Rodríguez et al.，2006）。此外，可以在时间和空间尺度上感受到权衡效应，实际上，一些权衡可能是不可逆的。关于生态系统服务可能发生不可逆转的变化，千年生态系统评估强调了阈值的重要性（MA，2005）。持续高强度环境或社会经济驱动因素超过阈值时，由于关键自然资本的不可逆性损失，将给社会带来巨大的成本（Farley & Joshua，2012）。现有的阈值和相关不可逆的动态变化可能会扼杀社会生态系统可持续发展的各种问题，如肥料在农业生产中的应用超过了阈值将会对水质造成负面影响。

供给服务，如水资源供给、粮食供给、木材纤维供给等，都是有形的产品，能够为人类直接使用并且与人类福祉息息相关。人们相信经济增长和技术进步能够解决生态系统服务退化和环境受损的问题。技术论的观点认为技术革新能够在未来解决生态系统服务功能退化的问题，提供人工的生态系统功能对自然生态系统进行调节。但种种案例表明，部分生态系统服务功能一旦超过自身恢复的阈值，就无法修复，或者需要花费巨大的时间和经济成本，可以说几乎是不可逆转的。例如，受重金属污染的土地需要付出巨大的经济代价，耗费人力、物力和时间成本，但是效果微乎其微，只能寄希望于在更长时间尺度内自然的自我修复。

5. 外部性权衡（externality tradeoff）

外部性权衡是指生态系统服务管理对非目标区域生态系统服务的影响（Barbier et al.，2008；戴尔卓等，2015）。由于生态系统是开放的系统，具有流动性，而生态管理往往局限在某一个空间尺度，某一尺度的管理者往往只考虑自身的利益，进而可能作出利于自身而有损周边生态系统的决策。如 Onaindia 等（2013）通过对西班牙北部比斯开省乌尔达比生物圈保护区进行研究发现，生态系统服务可以优化多种生态保护战略，生物多样性网络将会保护生态系统服务客观的供给。沿海生态系统和坎塔布连常绿橡树林，对生物多样性最为重要。然而，未受保护的天然林对生物多样性、碳储存和水流调节也非常重要，如果仅将生态系统服务价值高低作为保护依据则可能有损生物多样性保护，进而引起环境问题。Barbier 等于 2008 年在 *Science* 上发文，研究发现生态系统服务对栖息地规模等人类活动作出的并非是线性响应。泰国红树林的案例研究表明，基于生态系统管理目标、开发和保护相结合的土地利用模式才是最佳选择，而并不是一种对沿海栖息地"非此即彼"或者"开发或保护"的二选一的选择。只有生态和经济的协调发展才能克服生态系统和经济系统的外部性。

（三）生态系统服务权衡尺度效应

生态系统服务的形成和供给所覆盖的时空尺度不同，生态服务本身具有空间异质性和时空动态性，其权衡关系也同样受尺度效应影响，会随着时空尺度的缩放发生变化（戴尔卓等，2016；傅伯杰和于丹丹，2016）。

生态系统是一个开放的系统，物质、能量和信息能够在一定范围自由流动，但是需要付出一定的成本。一般而言，气候调节、养分循环、空气净化和生物多样性等调节和支持服务在大尺度上服务于整个地球生命系统

（彭建等，2017）。土壤侵蚀、水质净化和水源涵养等调节服务主要在区域尺度发挥作用。粮食供给、遗传资源、水源供给虽然主要服务于当地，但在一定范围内也是可以和外界自由交换的，具有跨尺度的特征。而粮食供给、木材供给和美学欣赏等生态服务主要服务小尺度居民（Chisholm，2010；Hein et al，2006）。

生态系统服务之间的相互作用具有明显的尺度效应（Rodriguez et al.，2006；戴尔阜等，2015；孙泽祥等，2016）。这是由于生态系统中尺度缩放过程和环境变量之间呈非线性关系，跨尺度外推的结果可能与实际有差异（Jarvis，1995；傅伯杰和于丹丹，2016）。如 Gordon 和 Enfors（2008）通过坦桑尼亚 Makanya 集水区土地退化、生态系统服务和小农的恢复力问题发现，在集水区尺度内土壤保持和粮食生产是协同关系。刘洋（2016）以塔布河流域为研究对象，对区域碳储量和景观美学等不同生态系统服务之间关系，以不同尺度进行度量，发现随着尺度的变化权衡或协同的作用会呈现增强或减弱，其中"碳储量和产草量"甚至发生逆转。李鸿健等（2016）在评估西北河谷盆地生态系统服务权衡与协同分析时也指出，权衡和协同关系随尺度变化而变化，具有明显的尺度依存性。孙泽祥等（2016）以中国快速城市化干燥地区为研究对象，分别在城市群、农业区和城市三个尺度研究生态系统服务权衡关系，虽然产水量和碳固持，以及产水量和土壤保持呈现显著的权衡关系，但在不同尺度呈现明显的差异性。

（四）生态系统服务权衡及调控的应用

自 Rodriguez 等人提出生态系统服务权衡概念以来，迅速成为国内外学者的研究热点（Rodriguez et al.，2005；Deng et al.，2016）。认知不同尺度和区域生态系统服务权衡的特征，有助于了解不同区域所表现出的权衡类型、形成机制和时空格局等特征，为后续提出生态系统服务调控的手段和政策意见提供参考。

国内外生态系统服务权衡的研究区域，根据不同尺度生态系统，可以分为以下几个方面。

（1）在流域、区域尺度方面的研究。国际上 Kozak 等（2011）对美国的 Des Plaines 和 Cache 流域的生态系统服务价值评估，并对其各种服务之间的关系进行了分析。García-Llorente 等（2015）研究了西班牙南部两个半干旱流域的生态系统服务权衡，发现流域上下游之间空间不匹配发生了复杂的权衡关系，认为土地利用管理应当考虑生态系统服务的权衡和土地利用节约化的后果。国内学者白杨等（2013）对河北省白洋淀流域水质保护、授粉服务、生物多样性、水源涵养、土壤保持和固碳服务多种服务进行测算，在此基础上通过权衡不同政策情景下生态系统服务变化。研究认为，该模型的特点是可以通过比较未来服务功能得失，权衡比较资源保护和经济发展的关系。陈海鹏（2017）以云南横断山区小江流域为例探讨了区域内碳储存、产水量、土壤保持和生境质量之间的关系，提出鼓励植树造林和合理利用水资源的建议。Xu 等（2018）对长江经济带的水资源保护、土壤保持、碳固存、生物多样性和粮食供应等生态系统服务进行评估研究，发现水资源保护和生物多样性存在显著权衡。此外，还有针对汉江上游、甘肃白龙江流域和石羊河流域的生态系统服务权衡和协同研究（王鹏涛等，2017；钱彩云等，2018；王蓓等，2018）。

（2）对典型地区生态系统服务关系研究。Aillery 等（2001）以美国佛罗里达州农业区为研究区建立了湿地农业生产、土壤流失和水分保持的动态模型评估替代水政策和土地征用情景下的农业影响。Lester 等（2013）认为来自经济学理论的权衡，有助于人类平衡多种生态系统的成本和收益，并构建其分析框架应用于海洋空间规划和海洋生态系统管理。如 Tian 等（2016）研究了中国西南地区典型的喀斯特地貌流域的生态系统服务权衡问题，研究发现产水量和产沙量是协同关系，净初级生产力（NPP）与产水量和产沙量存在权衡关系，研究能够为土地利用政策制定和规划者提供参考。Feng 等（2017）对中国黄土高原生态系统服务权衡和影响因素进行研究，认为迫切需要协调多种生态服务之间的关系，以促进植被恢复的可持续性，以及人工管理措施十分重要。郝梦雅等（2017）通过研究关中盆地的多年生态系统服务权衡和协同关系，探索土地利用变化对其影响。研究发现，权衡增加协同减少的主要原因是耕地和林地的大量减少。也有学者研究发现，NPP 和水土保持之间在不同地区存在着不同的关系，如在关中-天水经济区表现为协同关系，而在山西省太岳山地区则表现为权衡关系（杨晓楠等，2015；荣月静等，2018）。还有学者研究发现，在自然社会环境类似的地区，由于人类活动强度和一些政策因素的区别，也可能导致 NPP 与粮食供给权衡关系强弱不同，如陕西河谷盆地中的典型代表关中盆地和汉中盆地（孙艺杰等，2017）。

（3）针对特定的生态系统的研究，如森林生态系统、湿地生态系统和耕地生态系统等。全世界的森林所有者对平衡多个森林生态系统服务越来越感兴趣（Alamgir et al.，2016）。Schroder 等（2016）描述了一种多目标数学程序设计模型，用于量化燃料处理以减少美国俄勒冈州中部 Deschutes 国家森林火灾的危险后，在预期泥沙输送和北部斑点猫头鹰（NSO）栖息地保护方面的权衡。Vauhkonen 和 Ruotsalainen（2017）对 Scandinavian 北部森林生态系统服务供给潜力和权衡分析，分析了生物多样性、木材、碳储存和娱乐设施的潜力与权衡关系，认为研究能为土地利用规划等相关决策提供有价值的信息。有些学者介绍了美国怀俄明州和蒙大拿州国家森林生态系统服务价值评估和权衡分析的综合方法，认为结构化方法可以为自然资源决策提供信息，促进公众和自然资源管理者之间的关系（Armatas et al.，2018）。中国亦有学者针对森林生态系统木材生产与固碳功能权衡（朱建佳等，2018），以及林分与景观管理水平对森林生态系统的固碳释氧和土壤肥力的影响（Kang et al.，2016；黄春波，2019）。

湿地生态系统能够提供水质维护、碳储存、防洪和生物多样性等多种服务，而土地管理决策常常会在不知不觉中降低某些服务（包玉斌等，2015；杨薇等，2019）。Jessop 等（2015）研究发现，美国伊利诺伊州的湿地在生物多样性和养分循环之间需要权衡。Yang 等（2018b）通过对1989 年以来黄河三角洲沿海湿地的评估和测算，发现物质生产和栖息地质量之间存在权衡，并且强度逐年增加。此外，碳储量与物质生产的关系在2008 年以后从协同转变为权衡。

农田生态系统作为半自然生态系统，具有多种生态服务功能，包括水和气候调节，美学和文化服务，养分循环和作物授粉等（Swinton et al.，2007；李鹏山，2017）。但是，在农田系统的实际管理和利用中，往往以追求生产功能最大化为目标，导致其他功能的衰退或丧失。Firbank 等研究英国封闭农田，发现封闭农田系统粮食产量上升，生物多样性和污染下降，应该通过多样化的耕作制度并根据其适用性将土地分配给不同的生态系统服务，从而改善生态系统服务治理（Firbank et al.，2013）。有学者分析了全球农业生产力和碳储存，发现将草原和森林转变为农田来扩大农业用地，往往会减少重要的生态系统服务（碳储存）和降低生境质量，而选择适合种植农业的地点相比于同比例扩大种植能够节省超过 1 万亿美元的碳储存价值（Johnson et al.，2014）。Balbi 等（2015）则提出，加强对农业生态系统多种服务之间关系的理解和农场管理对服务的影响的认识，并以巴斯克地区 Llanada Alavesa 作物系统作为研究区，构建集合了作物产量、水源供给和质量、气候调节和空气质量的模型。中国学者对农田和耕地生态系统也做了相关研究，如李鹏山（2017）面向国土资源管理和耕地保护需求，通过构建模型对农田系统进行综合评价和功能权衡分析。田榆寒（2018）对慈溪市耕地生态系统的粮食供给、固碳释氧、水源涵养、生境支持和文化休闲进行价值评估和权衡分析，进而提出通过耕地功能分区和土地管理策略实现生态系统服务调控的目的。

草地生态系统的权衡研究，国内外也有很多。如 Petz 等（2014）利用全球尺度数据集和模型绘制牧场放牧强度和生态系统服务之间的权衡和协同效应，发现高强度的放牧与高碳排放、侵蚀和生物多样性丧失有关。Ford 等（2012）使用沿海草原作为模型，研究认为广泛放牧的草地有利于供应、文化和授粉服务，未放牧的草原有利于防洪和病虫害防治服务。中国的科学团队，对西藏高寒草原生态系统进行持续关注，从净初级生产力的角度分析草地生态系统供应和调节服务之间的权衡，到土地管理如何影响这种权衡以及生态系统服务总供给的影响（Pan et al.，2014；Wu et al.，2017a）。

总之，这些来自世界各地的研究案例在生态系统服务评估和权衡研究的基础上，提出了各种本地化的管理措施实现对生态系统服务调控的目的。这些良好的应用，提出了诸如土地管理、功能化分区、耕作制度改革、合理利用水资源以及景观优化等具有可操作性的措施。

三、生态系统服务与土地利用研究

（一）生态系统服务与土地利用变化的关联性研究历程

在气候变化和人为活动的影响下，土地利用驱动着生态系统服务结构和功能的变化（MA，2005；GLP，2005；傅伯杰，2013）。土地利用通过改变能量流动、物质流动和信息流动的生态过程，实现对生态系统的供给调控（张季，2006）。土地利用与生态系统服务之间的关联性研究一直是生态学、规划学和地学领域研究的焦点和前沿问题（李双成等，2014；Deng et al.，2016）。两者的关联性研究主要分为以下几个阶段。

第一，研究早期，国内外学者重视基于土地利用的生态系统服务价值系数和评估模型研究（Costanza et al.，1997；Nelson et al.，2009），研究集中于评估全球和区域尺度各种土地类型的生态系统服务功能和价值。中国学者通过收集 1999—2008 年土地利用数据，并基于同期全球数据建模和制图研究的遥感数据，计算了 10 年期中国陆地生态系统服务总价值的时空变化（Shi et al.，2012）。这种方法也被国内学者广泛地应用于区域尺度的评价（郑晶，2009；金良，2011；赵永华等，2011；王燕等，2014）。Arowolo 等（2018）利用 GlobalLand30 数据，研究尼日利亚 2000—2010 年土地生态系统服务价值动态变化。其评估结果主要应用在土地利用规划决策和生态系统管理上（Bateman et al.，2013；Guerry et al.，2015）。

第二，土地利用对生态系统服务驱动和影响阶段。工业化和城市化显著地影响土地利用结构，致使城市生态系统服务的大小、空间分布发生显著变化（赵丹等，2013；王如松等，2014）。土地利用表现为不同土地利用类型、土地利用结构和土地利用强度。随着相关评估模型的运用，国内外涌现出大量关于土地利用变化在空间上如何影响生态系统服务的研究（岳书平等，2007；Cui et al.，2014；刘桂林等，2014；Arunyawat & Shrestha，2016；Gao et al.，2017；Tolessa et al.，2017）。李屹峰等（2013）研究发现 1990—2009 年北京市密云水库流域农田面积的减少和森林的扩张导致土壤保持功能和固碳服务呈增加趋势，而建设用地的扩张导致水资源供给和水质净化功能呈退化趋势。吴蒙（2017）以长三角地区为案例，研究发现土地利用变化引致生态系统服务的稀缺和不均衡性。农田和自然植被覆盖破碎化，导致河流景观退化，引致该地区供给、调节与维持和文化服务功能均下降。Su 等（2012）研究发现城市化引起的土地景观破碎化、形态和多样性会严重影响生态系统服务提供。Haines-Young 等（2012）使用了专家和文献驱动的建模方法，探讨了土地覆盖和利用变化对欧洲作物生产、野生动物产品、人居环境多样性和娱乐 4 种服务的影响。部分学者研究发现泰国北部地区，橡胶园和建成区的扩张导致森林覆盖率降低，从而对流域生态系统服务功能产生了负面影响（Arunyawat & Shrestha，2016）。土地利用变化同样会影响区域碳排放，土地利用方式、结构、规模和强度都会影响碳循环（曲福田等，2011；赵荣钦等，2014）。除此之外，土地利用强度和土地管理措施的不同也会影响生态系统服务供给，当人类干扰强烈或者利用方法不当时，某些服务类型的供给则会受到威胁（张舟等，2013；Zheng et al.，2019a）。

第三，基于土地利用的生态系统服务间复杂关系研究阶段。随着国内外研究人员对生态系统服务持之以恒的探索，相关研究取得了很大进步，学术界对生态系统服务的复杂关系有了更深入的认识（Rodriguez et al.，2005；Nelson et al.，2009）。理论研究方面，生态系统服务的复杂性决定了它们之间互相影响，表现为此消彼长或协同增减的关系。当正相关时即为协同关系，当负相关时即为权衡关系。但理解多种生态系统服务的空间分布、协同和权衡作用仍然具有挑战性。随着 InVEST 等相关空间模型的应用，相关学者更是试图将生态系统服务权衡的理论和思想结合到土地利用决策中（Goldstein et al.，2012；Wu et al.，2017a；Turkelboom et al.，2018）。正如 Tails 等（2008）所说，所谓的"双赢"在空间规划方案中很受欢迎，但现实世界中似乎并不多见，管理者往往需要做权衡和艰难的选择。

自然资源管理的一个核心挑战便是制定严格而实际的办法，平衡人类对生态系统各种利用的成本和效益。Grêt-Regamey 等（2017）提出一个空间决策支持工具，能够很好地平衡由城市扩张引起的土地利用变化、生态和社会经济。Asadolahi 等（2018）分析了伊朗东北部 Gorganrood 流域的三种生态系统服务动态权衡关系，包括土壤保持、生境质量和粮食供给，通过设定不同情景并分析多种生态系统服务权衡关系，进而帮助规划者和决策者作出更明智的选择和策略。从上述案例可以看出，土地利用变化导致生态系统服务功能及其关系发生变化。在构建土地利用情景分析时，如果不能考虑这种权衡关系，则相关分析不能给决策者和管理者更加有力的决策信息。Yang 等（2018a）通过构建延河流域 5 种土地利用情景，分析不同生态恢复和土地复垦政策下，碳固存、栖息地质量、养分保留、沉积物保留和季节性产水量的关系，进而支撑高效的土地利用决策。除了在土地利用规划方面取得了进展，Lester 等（2013）通过对生态系统服务权衡相关理论进行总结，构建了基于海洋生态系统的分析框架，该权衡框架可以揭示低劣的管理选项，并提供"兼容"的服务。Lu 等（2015a）认为面对粮食生产和环境保护这些挑战时，应当将粮食生产视为环境系统（土壤、空气、水和生物多样性）的一部分，在保护自然资源的同时寻找满足粮食需求新路径。

(二) 生态系统服务与土地利用规划和管理研究

应对发展经济和可持续发展，同时确保支撑当前和未来人类福祉，是21 世纪的中心挑战 (Castro et al.，2014；Guerry et al.，2015)。是否将生态系统服务纳入政策和决策的主流取决于能否获得关于生态系统及其服务功能的状况和趋势的明确空间信息。近年来，生态系统服务研究为国家主体功能区划、生态红线划定和生态功能区等提供了不可或缺的决策依据，实践证明土地生态功能评估能够为国土空间规划和区域可持续发展提供支持 (Bai et al.，2018；吕永龙等，2019)。从理论上讲，如果能够让个人和机构认识到生态系统的价值和功能，那么会大大增加对自然保护的投资，同时促进人类的福祉 (Daily et al.，2009)。但是，将生态系统服务纳入空间规划和资源管理的决策中一直存在诸多限制，缺乏坚实的科学基础和精确的空间信息。实际上，学术界一直在试图将生态系统服务的价值理念纳入各种决策中，包括经济决策、土地利用和空间规划等决策 (Maes et al.，2012a；Bateman et al.，2013；Olander & Maltby，2014；Guerry et al.，2015；Grêt-Regamey et al.，2017；Bai et al.，2018)。Daily 等 (2009) 借鉴美国夏威夷的案例，提出了一个将自然资本纳入资源和土地使用的概念框架中。Maes 等 (2012) 指出需要进行更多的研究，将生态系统对环境变化的复原能力纳入空间上的明确评估，并构建了超越单纯土地覆盖的评估，以净水服务为例演示如何将生态系统与人类福祉联系起来的级联框架。Bai 等 (2018) 认为土地利用规划中缺乏科学政策框架，提出了将生态系统服务的理念纳入中国生态红线政策中，研究发现新的框架使得上海陆地生境保护增加了 174%。

随着研究的深入及对生态系统服务之间关系的认识，发现即使没有人类干预，自然生态系统也会受到气候变化、生物入侵等自然因素影响 (杨国福，2015；李双成等，2013；龙精华，2017)。在人类选择偏好和自然因素的影响下，人类往往不能兼顾多种生态系统服务，"双赢"的局面在现实中几乎不存在（Howe et al.，2014；Bagstad et al.，2016；Turkel-boom et al.，2018）。人为活动也可以增加自然生态系统服务价值或者改变多种生态系统服务分布。例如，中国退耕还林工程显著地增强了生态系统服务价值，尤其是土壤形成和保持、碳存储和生境质量，并以极少的食物生产为代价（Jia et al.，2014；邓元杰等，2020；谢怡凡等，2020）。作为景观、自然资源、生物多样性规划和管理的一部分，国土空间规划必须处理不同利益相关者的愿望和需要之间的权衡。Turkelboom 等（2018）基于 24 个世界各地的案例，提出了一个涵盖土地利用变化、管理制度、技术与基于自然的解决方案、自然资源利用和物种管理的广泛权衡的框架。人们也越来越认识到土地利用决策，不仅对单个地块产生影响，而且会影响到另一个地块的生态系统服务供给。有学者提出了一个土地资源信息新框架——土地资源圈，以支持生态系统服务为基础的土地利用政策制定方法，新框架可用于支持空间规划（Lilburne et al.，2020）。钟莉娜和王军（2017）认为土地整治是对土地资源和利用方式的再组织方式，是土地利用规划的重要组成部分，对地区生境质量和生物多样性产生重要影响。Song 等（2020）有效地评估了未来城市扩展对自然栖息地质量的影响，认为中国呼和浩特-包头-鄂尔多斯-榆林城市群应该通过控制城市规模以及优化城市空间格局来减少对自然栖息地的干扰。不过，土地利用规划不是防止城市扩张引起的全球生物多样性下降的唯一解决方案，需要加强土地治理能力的提升（Huang et al.，2018）。海南岛生态系统功能保护区在橡胶林和天然林之间面临无法兼容的困境。从土地利用类型上看，两者都是林地，橡胶林具有更高的经济价值，但是会导致水净化、土壤保持和洪水缓解等方面的生态功能下降，而天然林经济价值无法满足当地村民的生计。Zheng 等（2019）通过对橡胶林的利用加以改进，通过在橡胶林下种植草地的间作方式实现了可持续发展和包容性增长。

土地利用变化对生态系统的影响是深刻的，土地是提供满足人类需求的生态系统服务的渠道。研究发现土地管理和规划可能产生负面影响，需要在一些生态系统服务之间进行权衡（Liu et al., 2019；Zheng et al., 2019a）。有学者研究采矿活动对矿区生态系统服务的影响和矿区生态系统服务权衡关系，为矿区土地复垦规划、生态重建及管理提供科学依据（龙精华，2017）。还有学者面向国土资源管理和耕地保护需求，研究农田生态系统功能评价和权衡分析，并从生态安全格局构建、生态系统服务管理和优化耕地利用布局等方面提出了对策（李鹏山，2017；田榆寒，2018）。

相关研究表明，以新增建设用地和土地整治等为代表的土地规划活动，深刻地改变了地区生态系统服务的功能和结构，造成了生态系统服务的冲突和整体功能下降。国内外学者也试图构建基于国土空间规划、管理制度和工程技术等多学科合作政策框架来实现减缓生态冲突和优化整体生态系统服务功能和效益。

四、研究述评

（一）生态系统服务权衡的生态学机理有待进一步深入研究

人类已经越来越认识到生态系统产品和服务的重要性。但传统的生态系统服务功能和价值评估更加重视生态格局的研究，显然难以满足规划管理决策需求。随着对生态系统服务权衡的深入研究，对生态系统服务权衡的发生机制、类型、特征的探讨已成为该领域的热点（李双成等，2011；Daily et al., 2009）。已有研究注重对案例进行分析，对背后的驱动因素、尺度效应和空间异质性等生态特征研究不足，缺乏对其作用机理和规律的总结，理论的普适性提炼相对缺乏。从研究方法来说，部分研究仅从质性角度讨论权衡发生的原因，缺乏一定的数据基础，而基于模型的定量研究则忽视对背后的生态学原理进行深入分析，研究结果缺乏生态学机理探究。生态系统多样性在于其内在结构和功能的空间异质性、时间动态性、尺度多样性及多种因素的非线性关系。由于缺乏对生态系统服务权衡深入的生态学理解，导致能够为决策提供依据的生态学信息不够全面，难以为决策提供有效信息。

（二）生态系统服务与土地利用关系研究不够全面

在现实世界中，人类已经充分认识到，土地利用活动广泛而深刻地影响和改变了生态系统结构和功能。但实际上，人类在作出任何一种土地利用管理和决策时，都有可能导致无意的后果。这是由生态系统的复杂性决定的。尽管已有研究在土地利用对生态系统服务影响和驱动方面取得了较大的成绩，也试图构建生态系统服务权衡的土地利用决策框架（de Groot et al.，2010；Grêt-Regamey et al.，2017），但是两者的关系仍存在很多不确定性和未知性。除宏观层面上土地利用/覆被变化对生态系统服务权衡有影响外，微观层面的土地管理和土地规划实施，如城市扩张、土地整治等活动也同样对生态权衡有重大影响。而这也同属于土地利用的范畴。

（三）生态系统服务权衡的尺度效应认识不足

生态系统服务权衡发生在不同的时间和空间尺度上，权衡在不同尺度上具有不同的表现特征（Deng et al.，2016）。具体包括时间尺度、空间尺度、不可逆权衡和利益相关者之间权衡。目前，针对时间和空间尺度上权衡研究较多，针对利益相关者和不可逆权衡研究较少，难以全面清晰地明确同一地区不同尺度的权衡关系和强度。已有研究集中在时间与空间尺度，无法满足不同利益相关者对不同类型服务的需求。此外，尺度效应在应对更大尺度上的服务间关系和作用也较少。对其尺度效应认识不足，导致在实践中无法应用研究成果。面对上述问题，亟须构建能够整合多尺度类型生态系统服务的模型和框架，以应对可持续土地规划和管理实践。

（四）生态系统服务权衡和调控与土地规划的关系需要进一步深化

生态系统服务管理和优化，最终是要落实到规划管理过程中（Goldstein et al.，2012）。已有研究注重对生态系统管理的研究，或者注重对某一种生态功能的规划管理，如生物多样性和碳减排等。还有部分研究是针对气候变化导致的生态权衡而构建的土地规划管理框架。由于土地规划是经济、社会、文化和生态政策的地理表达，在对生产、生活和生态空间重塑和优化中发挥着不可替代的作用。在保护区的空间规划和管理方面，人们越来越重视整合社会和生态的空间数据（Bagstad et al.，2013；van Riper et al.，2017）。需要基于土地规划实施和土地政策多个方面构建决策框架，尤其是中国的土地规划内涵丰富，包括城镇扩展边界划定、生态红线和耕地保护政策等一系列内容。基于多情景模拟土地利用规划的可能方案以及相对应的生态系统服务状况，对于认识规划方案的可能影响十分重要，未来有必要耦合规划编制和生态系统服务调控进行深入研究，从而进一步提升和优化地区生态系统服务整体功能。

第三章

理论分析框架

可持续自然资源管理的一个核心挑战就是制定科学而实际的办法，平衡人类对生态系统各种成本和效益。而现实世界中，人类对某一种生态系统服务具有一定的偏好，生态系统在各种利益相关者之间、在不同的代与代之间都可能存在冲突。所谓"双赢"的土地规划或空间规划方案，在现实中似乎也并不多见，管理者往往需要做艰难的选择和权衡（Tallis et al.，2008）。土地规划不仅需要处理土地利用用途之间的权衡，而且要处理各种利益相关者之间的愿望和需求，以及水土资源之间的权衡，这也是景观、自然资源、生物多样性规划和管理的一部分（Turkelboom et al.，2018）。人类越发认识到生态系统的复杂性和对人类福祉的重要性，学术界和实践者也试图将生态系统服务的价值理念纳入经济决策和土地利用规划等决策中来（Daily & Matson，2008；Goldstein et al.，2012；Castro et al.，2014；Howe et al.，2014），但是由于缺乏对生态系统服务复杂关系深入理解以及精确的生态学空间信息，加上缺乏对生态系统调控的原理和治理策略的系统性研究，当前关于生态系统服务调控的研究侧重宏观层面的管理调控，无法落实并形成对实践的有效指导。而且研究仅仅依据单一的评估或线性影响给出的规划管理建议，忽略了不同社会经济和自然生态地理条件下生态系统服务存在的复杂关系，得出的结论较为片面，甚至难以指导规划管理实践。因此，要想土地利用规划实现对生态系统服务的调控，需要解决土地利用规划对生态系统服务调控的科学性问题，以及构建基于生态学和土地规划管理等理论的级联框架，研究如何通过可持续土地利用规划及相关自然资源管理政策对生态系统服务进行优化调控。鉴于此，本研究通过构建面向可持续土地利用的生态系统服务调控研究分析框架，以期做到以下几个方面：首先，对土地利用与生态系统服务之间的关系进行再认识；其次，从生态系统生态学的角度厘清土地利用规划对生态系统服务的影响机理；再次，明确生态系统服务间的权衡和协同原理；最后，构建生态系统服务调控和优化的分析研究框架。

一、概念明晰与基础理论

(一) 概念内涵明晰与界定

1. 生态系统服务

生态系统服务是生态系统形成以及维持人类生存和发展的物质基础（Daily et al.，1997），是人类能够直接或间接从生态系统功能中获得的产品和服务。根据生态系统的功能，国内外有多种分类方法，其中，MA 的分类方法应用较为广泛，包括供给服务、调节服务、文化服务及支持服务四大类。供给服务主要包括食物生产、原材料生产和水资源供给等服务；调节服务包括调节气体、调节气候、净化环境和水文调节等服务；支持服务主要是指土壤保持、维持养分循环和水循环以及维持生物多样性等服务；文化服务主要是指从生态系统中获得的景观美学、娱乐消遣和其他精神文化生活等服务。从劳动价值论的视角来看，生态系统服务具有极高甚至无法计算的价值，既有可以量化的价值，也有难以量化的潜在价值（谢高地等，2015a）。生态系统服务的理论和评价方法，是生态系统服务调控和管理的基础和前提。因此，本研究认为生态系统服务既具有能够直接服务人类福祉息息相关的现实价值，又具有间接支持生态系统可持续发展的潜在功能和价值。

2. 生态系统服务权衡

权衡的本意是称量物体轻重的器具，同时也有比喻事物在动态中维持平衡的状态的意思。在经济学中，权衡的意思是由于资源的有限性，人类需要对生产的产品或服务进行取舍。从生态学的视角看，优质的生态资源也是有限的，甚至是稀缺的。在不同尺度上和不同空间范围内，人类需求的生态系统服务和产品也是不同的，这时候人类就会面临取舍（Maes，2012b；傅伯杰和于丹丹，2016）。此外，土地具有多功能性，森林既具有固碳释氧、调节气候的功能，又具有水源涵养、土壤保持和提供生物栖息地的功能。当人类由于自身的需求不同，就会面临对有限的和多功能的生态资源进行配置和取舍。鉴于此，本研究认为，生态系统服务权衡，是指由于在不同的经济社会发展阶段和不同的时空尺度上，人类的需求偏好不同，导致人类对生态系统服务的功能进行取舍。这种取舍，常常导致一种生态系统服务功能提高的同时，另外一种或多种生态系统服务功能下降。

3. 生态系统服务调控

正确的理解生态系统服务权衡，是开展生态系统服务调控、管理和促进可持续发展的基础（白杨等，2013；彭建等，2017）。由于人类选择的偏好和资源有限性等原因，区域内生态系统服务存在复杂的关系，甚至有可能导致整体的生态系统服务效益下降。因此，生态系统服务调控是指利用生态学的原理和可持续发展的理念，采用土地规划、情景模拟和自然资源系统治理等方法，实现减轻生态系统服务权衡的区域和强度，提升生态系统服务整体效益目标的一种自然资源管理方式。

（二）相关基础理论

1. 可持续发展理论

可持续发展理论兼顾了当地人和后代人的发展需求，兼顾了发展和保护的责任，追求代际公平和资源可持续的发展目标。可持续发展的终极目标是达到共同、协调、公平、高效、多维的发展（赵景柱等，1999）。可持续发展在 1987 年发布的 Our common future 报告中被正式确认并被全世界广泛接受。该理论有效地协同人与自然、人与人之间的关系，并致力于协同治理和平衡经济社会发展、资源开发和生态保护。人类自身一方面要实现经济发展，提高人类福祉，另一方面也需要学会与自然环境共生发展，将对自然的负面影响降到最低，对于已经受到破坏的生态环境进行修复，从而实现资源、环境与经济协调发展。可持续发展是人类社会持续、长久发展的终极目标，其实现手段多样，可以表现为空间规划、法律法规、行政管制等手段。

可持续发展是人类社会发展的价值论，指引着自然子系统与社会子系统相互适应及科学发展。此外，可持续发展理论，要求人们在发展经济的过程中要充分考虑资源和生态系统的承载能力，使得经济发展、资源利用和生态系统在合理的阈值内（赵景柱等，2003；姚岚，2018）。邬建国等（2014）认为，可持续性科学发展需要一方面聚焦于探讨生物多样性和生态系统过程，另一方面也需要关注气候变化和土地利用等人类社会活动对这一过程的影响，以及生态系统服务和人类惠益之间的联系。生态系统服务是指人类从生态系统中获得的一切生存和发展的效用和物质基础。在人类发展过程中，常常面对为了得到某一种特定的利益，从而导致其他的生态系统服务数量、结构和功能发生改变。因此，为了实现生态系统服务的优化和可持续发展，需要平衡好代际、不同区域及不同生态系统服务之间的关系，以期供给多样化的生态系统服务功能（Deng et al.，2016；Lu et al.，2015）。

城市扩张、未利用地开发、退耕还林等都属于土地利用的范畴，土地是生态系统服务的载体和提供者，土地利用结构和布局的变换，容易导致生态系统服务供给、支持、调节和文化服务发生衰退或者上升。土地利用规划可以通过对土地利用结构调整、空间布局优化和用途管制等方式实现土地的可持续利用和生态环境优化（吕永龙等，2019）。由此可见，可持续发展理论，不仅仅是一个宏大的理论，而且对于指导土地利用规划和生态系统服务调控优化具有一定的现实指导作用。

2. 生态系统生态学

生态系统生态学是研究生态系统中生物和非生物因素及其相关关系的生态学分支学科（马世骏和王如松，1984）。其研究内容主要包括以下几种：自然生态系统的保护和利用；生态系统调控机制的研究；生态系统退化的原理及其修复研究；全球典型地区生态问题的研究和生态系统可持续发展研究。生态系统生态学，是在弄清生态系统运行过程和机理的基础上，探索自然资源的利用途径，通过技术、政策和法律等手段加强生态系统管理，保持生态系统健康并维护和提升生态系统服务功能。生态系统生态学不仅仅是解释的科学，也是改善和优化生态系统服务功能的科学。

生态系统服务包括供给、调节、支持和文化服务，不同的生态系统服务具有不同的功能。土地用途和土地使用方式的不同，常常会导致生态系统服务提升或下降。例如，城市扩张造成对耕地的侵占，容易导致粮食供给和气候调节的功能下降；林地转变为耕地，会提升粮食供给服务，但是会使得碳固定服务和气候调节功能下降。土地利用规划通过对区域内土地利用进行结构和空间布局调整，进而影响区域生态系统服务结构和功能的变化。而且，这种生态系统服务的变化并非是线性的，而是高度复杂的变化。一种生态系统服务的提升常常以其他生态系统服务的减少为代价。全面认识和理解生态系统服务生态学机制是加强生态系统服务管理的基础（欧阳志云和郑华，2009）。

因此，生态系统生态学理论有助于理解城市土地利用及规划导致的生态过程和变化机理。在此基础上，通过系统地调整规划布局、实施土地政策，实现优化和改善区域生态系统的服务功能。

3. 系统论

系统论的思想来源于理论生物学家 L. Von. Bertalanffy。系统论的核心思想就是系统的整体观念，任何一个系统都是有机的整体，其各个部分不是简单的相加，系统的整体功能要大于单个系统的数学加和。系统论的基本思想，就是把一切科学研究对象看作一个系统，系统的结构影响功能。系统论超越了笛卡尔的机械论研究方法和理念。

土地是一个复杂的巨系统，包括自然生态系统和经济社会系统。土地利用用途改变不仅影响地块本身，而且会对其他周边的土地利用、水资源、水环境等产生深刻影响（曲卫东和黄卓，2009）。例如，在黄土高原上开垦耕地会导致水土流失，在水资源匮乏的地区过度开垦耕地容易导致水资源利用冲突。山水林田湖草沙是一个生命共同体，也是一个复杂的巨系统。这一完整的生态系统包含粮食供给、水源供给、大气调节、土壤保持、碳固定和储存、生物多样性及文化旅游等多样性的功能和服务。但是，由于人类对供给服务的偏好，容易导致其他生态系统服务和功能的衰减，进而导致整个生态系统服务的可持续性降低。

因此，系统论不仅是认识土地系统和生态系统的方法，而且是实现生态系统优化的方法论。土地生态学需要从整体性、层次性、结构性、开放性和动态性的视角去研究和解决生态问题。山水林田湖草是一个生态整体，为了实现优化区域生态系统，需要利用系统论的理念减少地区生态冲突和权衡，利用土地规划、政策法规和行政干预等手段进行调控。

二、土地利用与生态系统服务的关联性再认识

土地利用是人类活动和自然生态功能的重要界面，是管理学、生态学、地理学和土地规划等学科研究重点。土地利用与生态系统结构、功能和服务密切相连，国内外学者基本认同土地利用变化能够影响生态系统服务和功能（Polasky et al.，2011；Lawler et al.，2014；Kindu et al.，2016；Bryan et al.，2018；李屹峰等，2013；傅伯杰和张立伟，2014）。

土地利用变化与生态系统服务的关联性研究经历了多个过程：第一，土地利用对生态系统服务的驱动和影响；第二，土地利用导致生态系统服务之间的关系此消彼长；第三，如何通过土地利用规划加强对生态系统服务的调控、干预和优化。

土地利用用途的变化深刻影响生态系统服务能量流动、水分循环、土壤侵蚀与堆积、生物地球化学循环等生态过程（欧阳志云和郑华，2009；Power，2010）。如不同的土地利用类型产生的生态系统服务是不同的，这同时也可能导致服务权衡的发生，如农业开发过程中耕地具有很高的粮食供给服务

功能，但是由于森林、湿地等变化导致固碳释氧、水土保持和水质净化等调节和支持服务变弱（傅伯杰等，2014）。土地利用结构和强度变化导致供给服务、调节服务、支持服务和文化服务发生衰减与增加，导致生态系统服务内部发生权衡。如同样是林地，天然林和人工林产生的服务和功能也是有所差异的，天然林具有更强的防洪和水土保持功能，而人工林则能提供更多的木材和药材等（Zheng et al.，2019），虽然从土地用途上都属于林地，但是由于土地利用强度不同及土地利用管理方式不同，仍然会对生态系统服务产生影响。同样，天然湿地系统和人工湿地系统产生的防洪调蓄和生物多样性保护的服务也是不同的（Xu et al.，2018；Pedersen & Weisner，2019）。

随着研究的深入，越来越多的学者认识到生态系统服务之间具有复杂的关系，而土地利用不仅驱动生态系统服务变化，而且导致这一复杂关系的变化（Goldstein et al.，2012；Bryan et al.，2018；Jia et al.，2014；Bennett et al.，2009；Pan et al.，2013）。太湖流域研究发现，流域尺度调节范围变化比较稳定，而权衡作用受到人类活动和土地利用景观影响较大（顾羊羊，2017）。又如，上游农业生产提供各种农产品，但同时会减少下游的用水量，施肥还会使水质下降（Pattanayak，2004），毁林开垦在全球范围内改变蒸散作用格局并影响气候（Gordon et al.，2008）。此外，高度集约化的农业种植方式，很大程度上依赖化肥农药，也会对水环境和渔业造成负面影响（Tilman et. al.，2002）。

要想实现对生态系统服务的调控，有必要将生态系统服务价值观纳入重要的社会决策中（Goldstein et al.，2012；Guerry et al.，2015）。因此，土地利用与生态系统服务之间的关联性，不仅体现在两者之间互相影响上，而且体现在如何利用详细的科学信息帮助决策者制定土地利用开发决策上，从而实现粮食生产、防止生境质量退化和城市发展等多样化的政策目标。

三、土地利用规划对生态系统服务的影响机理

从上文可以看出土地利用与生态系统服务之间关系紧密。而土地利用

的变化，除了受到气候变化的影响，还有一个很重要的因素就是土地利用规划及相关政策。土地利用规划，包括用途管制、生态红线划定、永久基本农田划定、资源承载力评价、土地利用结构调整和土地整治等一系列的管理政策和实施手段。

从本质上来说，土地利用规划就是对土地利用方式的选择和权衡，而土地利用方式的不同则会进一步对生态过程产生影响。因此，土地利用规划必须处理各利益相关者的愿望和需求之间的权衡，这也是景观、自然资源和生物多样性的规划管理的一部分（Turkelboom et al.，2018）。土地利用规划是经济、社会和生态政策的地理表达，其核心就是土地利用和地域组织。由于土地本身就是多种生态系统的集合体，对土地利用的选择和安排，就是对生态系统服务功能的选择和取舍。

因此，土地利用规划对生态系统服务的影响机理主要体现在以下几个方面：第一，城市扩张的规模和布局是由土地利用规划直接安排的，而城市扩张导致城市不透水面无序扩张，耕地、林地和湿地等具有重要生态功能的土地面积迅速减少。这一过程，直接改变了生物生境空间和资源时空分布，进而影响了生态系统信息传递和表达（Le Maitre et al.，2007）。第二，土地规划划定生态红线或自然保护区等具有重要生态功能的区域。生态红线，包含自然保护区、水源涵养地、湿地公园和森林公园等，这些区域是生态系统调节服务和支持服务的关键来源，对人类福祉和可持续发展具有重要意义。但是，一味地扩大保护区规模，禁止或者限制保护区内的正常合理的土地利用，则忽视了生态系统服务的供给和文化服务价值，容易发生生态冲突（Chen，2020）。第三，土地整治是土地利用规划实施的重要手段，包括耕地占补平衡、农用地开发和高标准农田建设等多项规划政策。土地整治本身也是对土地利用进行优化，涉及提升耕地数量和质量、生态修复和人居环境改善等功能（Zhang et al.，2014；王军和钟莉娜，2016）。例如，在耕地占补平衡政策的指引下，地方政府大规模地侵占林地、湿地和草地等生态用地，来进行农业开发实现补充耕地的效果。

但与此同时，该政策也导致了区域尺度的碳固定和存储及水源涵养等生态功能退化。当然，部分土地整治项目，通过开垦和治理盐碱地，在提升耕地质量的同时，也改善了土壤环境，从而同时提升了粮食生产和生物多样性等功能。第四，资源环境承载力评价是土地利用规划的重要内容之一。由于土地生态系统服务供给具有多功能性，而人类的需求和选择却存在偏好差异。一个地区的资源环境承载力是有限的，无限地扩大某一种需求，则会引起其他生态服务的变化（Foley et al.，2005；李双成等，2018）。如，农业扩张和集约利用，是以大量的化肥农业和水资源使用为代价的，这一方面带来了水环境污染等问题，另一方面也导致地区水资源使用过于紧张，影响工业用水、生活用水和生态用水，使得气候调节服务、生物多样性和经济发展之间发生权衡（Annabel et al.，2014；Klaus et al.，2018）。集约化放牧的草地生态系统也会导致碳排放量、生物多样性、侵蚀防治和畜牧业生产间的权衡变化。因此，资源承载力的阈值，或者土地利用强度变化也能够导致生态系统服务变化和权衡（Vizcaíno-Bravo et al.，2020）。第五，土地利用结构的调整是土地利用规划中的基本内容。林地和草地，具有更好的固碳释氧、土壤保持和生物多样性的功能，农田具有更高的食物生产、气体调节和原料生产的功能，而水域具有更高的生物多样性和水资源供给等功能。不同的土地用途具有不同的生态功能价值，而不同的土地利用组合也将具有不同的生态功能价值。通过土地利用结构调整，不仅可以影响生态系统服务价值，而且可以在规划编制阶段指导土地利用。如可以通过提高林地和水域用地的比例来提高地区生境质量，在盐碱地区域种植适宜生长的林地或者草地来改善土壤环境，达到改良耕地质量、提升粮食供给服务和原材料供给服务的效果。

四、生态系统服务间的权衡及调控原理

生态系统服务权衡的研究目标就是要尽可能地减少生态系统服务冲突，增加生态系统服务协同效应，提升生态系统服务整体效益。深刻认识

生态系统服务的生态学机制是调控人类活动、应对气候变化和实施生态系统服务管理的前提（欧阳志云和郑华，2009）。生态系统服务功能维持主要依靠三大生态学要素：生态系统结构、生态系统过程和生境（见表 3 - 1）。生态系统结构的完整性是生态系统服务功能得以维持的物质基础，结构的不完整将会影响相关功能的供给，如天然林的受损和人工林的扩张导致水源净化、水土保持和防洪等功能的受损（Zheng H et al.，2019）；湿地的退化容易导致生态系统固碳、水质净化、洪水调蓄、维持生境和文化服务等功能丧失（张彪等，2017；Yan & Zhang，2019；Pedersen et al.，2019）。生态系统过程主要包括生态系统内部及不同生态系统之间物质、信息和能量流动和迁移转化过程的总和，进而产生了多种支持功能，如植被初级生产力、固碳释氧、生物化学循环和水循环等（吕一河等，2007；傅伯杰和张伟立，2014）；生境质量是衡量生态系统提供物种生存和繁衍栖息地能力的重要指标，同时反映人类生存环境优劣程度（李晓秀，1999；王建华等，2010；谢怡凡等，2020）。一般来说，生态系统结构越复杂，生态系统功能越强大。生境质量越高，则抗干扰能力越强，生态系统稳定性越高。

表 3 - 1　生态系统服务功能三大要素

生态系统服务功能三大要素	内涵	与生态系统服务关系	人类影响途径
生态系统结构	生态系统是由生物和非生物相互作用结合而成的结构有序的系统。生态系统结构主要指构成生态诸要素及其比例关系，各组分是时间空间上的分布，以及各组分间能量、物质、信息流的途径与传递关系。包括组分结构、时空结构和营养结构	随着生态系统结构和功能不断发生变化，相应服务也会发生变化。需要从整体上考虑和评估生态系统功能，否则会忽视某些重要生态系统特征。例如，河口湿地的成陆造地功能与其他服务功能都有其存在价值，但是两者却存在权衡关系（童春富，2004）	土地开垦、森林采伐、放牧、外来物种引入与扩散、捕鱼、狩猎（郑华等，2003）

（续表）

生态系统服务功能三大要素	内涵	与生态系统服务关系	人类影响途径
生态系统过程	生态系统过程是生态系统内部及不同生态系统之间物质、能量和信息的流动和迁移转化过程的总和，也是生态系统服务功能的基础（吕一河等，2007；傅伯杰和张立伟，2014）。例如，土地利用变化不仅改变土地形态和生态系统外观，而且影响生态系统土壤水分、养分和土壤侵蚀等物质循环和能量流动过程（傅伯杰，2013）	一对一、一对多、多对多。例如，粮食、木材等供给服务的生产，既包括能量流动，又包括物质循环过程；碳循环过程参与了粮食、木材和纤维生产、气候调节服务和初级生产（傅伯杰和张立伟，2014）	水资源开发利用、土地开垦、农业开发、林业、化石能源消耗、工业化、城镇化（郑华等，2003）
生境	生境指为人类提供直接服务，为动植物提供生存环境和条件。生境质量高度依赖于自身与人类土地利用之间的邻接度及土地利用强度，土地利用强度增大，则生境质量随之衰退（Forman et al.，2003；McKinney et al.，2002；王建华等，2010）	生境与生物多样性的产生和维持有直接关系，也与生态产品供给有关。如热带雨林破坏，不仅造成木材供给的减少，而且其一年能够造成27000多种生物的灭绝（Wilson，1992）	土地开垦、农业开发、放牧、城市化、工业化（郑华等，2003）。改变生境或使生境破碎化，环境污染降低生境容量

　　生态系统服务权衡与协同的原理是实现生态系统服务综合管理的基础。定量的评估有助于人们认识到特定时空尺度下，不同类型的生态系统服务很难同时达到最大化。不同类型的生态系统服务都有其生态学功能，当原有的生态平衡被打破，生态系统的功能将会受到抑制甚至损害，并最终危害到人类自身的生存环境（Xu et al.，2014；Fu et al.，2015；Asadolahi et al.，2018）。生态系统服务在空间上形成"源"或"汇"，在流动的过程中产生权衡/协同（Fisher et al.，2009），如森林资源作为木材供给服务被大量砍伐时，固碳服务和水土保持服务会减少。从与人类福祉关联性讲，生态系统服务可以通过满足人的基本物质需求、健康、良好的社会

关系、选择与行动的自由五个方面影响人类福祉（MA，2005）。从生态系统服务权衡的特征来说，存在四个方面的权衡关系，即空间上的权衡、时间上的权衡、可逆性权衡和外部性权衡，每种类型都会对应不同的生态关系，同时生态管理的策略也会有所不同（戴尔卓等，2015）。

五、生态系统服务权衡及调控研究分析框架

由于人类选择的偏好导致某一种生态系统服务的提高是以其他生态系统服务的减少为代价，进而产生一种"此消彼长"的生态系统服务权衡状态。在不同的区域、不同的尺度上，不同利益相关者对生态系统服务的需求是不同的，正确地理解生态系统服务权衡，是开展生态系统服务调控和实现可持续土地利用的基础。基于此，本研究在对生态系统服务调控的解构基础上，阐述土地利用参与生态系统服务调控的内在逻辑，构建了面向可持续土地利用的生态系统服务调控分析框架。

（一）生态系统服务权衡与调控的解构

生态系统具有多功能性，能够为人类提供粮食生产和水资源等有形的服务，同时能够发挥在气候调节、防洪调蓄和生物多样性保护等方面的作用（彭建等，2017）。但是，在限定的区域内，生态系统资源和空间是有限的，而人类对生态系统服务的需求却是无限的，且随着经济社会发展阶段的不同表现为不同的偏好。从区域尺度来说，水源涵养、气候调节等与全人类长期福祉相关的服务显得更重要，但是对于局地尺度来说，粮食供给、景观美学的服务更加重要（Carpenter et al.，2014）。

人类为了满足自身的生存发展需求，会试图优化某一单项的生态系统服务。但是，这种行为可能会导致其他生态系统服务的降低或损失，也就是说造成了生态冲突或权衡。如林地具有更高的碳存储和水土保持的作用，但是，短期内林地很难为居民带来足够多的粮食供给，也难以提高居民生计。研究表明，生态系统供给服务和调节服务容易产生权衡关系。生

态系统服务的调控并不能完全消除这种冲突，仅从生态保护的角度也难以实现可持续发展。因此，生态系统服务调控需要综合考虑经济社会发展和生态环境保护，缓解这种冲突，在两者之间寻找平衡。

此外，生态系统服务之间的权衡关系具有较强的空间异质性和时空动态性。两种生态系统服务存在权衡关系，也不代表在所有的区域都存在权衡关系，也不代表在任何时期都存在权衡关系，更不代表在任何尺度上都存在权衡关系。因此，生态系统服务调控的前提是充分认识和理解生态系统服务权衡关系的复杂性，利用已有的自然资源数据对研究区的生态系统服务现状和权衡关系进行描述刻画。只有在科学认识和评估生态系统服务的过去和现在中发生了什么，才能进一步识别研究区的生态冲突，为生态系统服务调控奠定基础。

（二）土地利用与生态系统服务调控的内在逻辑

在气候变化和人类活动的影响下，自然主导的土地利用类型（草地、水域和森林等）向人类主导的土地利用类型（建设用地、耕地等）转变，进而对生态系统服务产生了较大的影响。研究表明，在以城市扩张和农业用地开发为代表的人类活动影响下，自然生态空间逐渐萎缩和退化，从而进一步影响了生态系统服务的供给（Fu et al.，2015；Tolessa et al.，2017）。土地利用类型转换、土地利用强度变化、土地利用管理方式以及土地利用规划等对生态系统服务的影响是广泛和深刻的（Lawler et al.，2014；Klaus et al.，2014）。它们不仅导致了土地利用/覆被变化，而且也改变了生态系统循环的过程。如大规模地开发湿地和林地，虽然在一定时期内提升了粮食供给能力，但导致了生境质量下降和水土保持能力下降等问题。与之相反的是，黄土高原退耕还林还草工程使得区域土地利用格局发生巨大变化，虽然短期内牺牲了一定的粮食生产，但也带来了碳存储和水土保持等生态系统服务能力的提升。

近年来，在经济社会驱动下，城市化快速发展导致的建设用地迅速扩张，生态空间被逐步侵占（Huang et al.，2018a）；同时，在耕地占补平衡的政策影响下，农业扩张也间接地导致生态空间的萎缩，加剧了生态功能退化的过程（Zheng et al.，2019b）。土地整治作为土地规划实施的手段，除了可以增加耕地面积，也会对生境质量等生态系统服务产生正面影响（钟丽娜和王军，2017）。当然，不论是城市扩张还是土地整治，都属于土地规划实施的一部分。对生态系统服务产生正面影响还是负面影响，在什么区域产生影响，产生影响的强度多大，是否会导致其他生态系统服务下降，土地规划空间布局和时序的安排十分关键。

总之，土地利用变化与生态系统服务是相互影响的，也会带来生态系统服务内部关系的改变。在气候变化无法准确预测的背景下，国土空间规划通过土地利用结构调整、生态红线划定、管理措施的合理安排，能够实现对土地资源的可持续利用，以及对生态系统服务的调控。

（三）面向可持续土地利用的生态系统服务调控的分析框架

为了避免土地利用产生不必要的甚至是不可逆转的影响，可持续土地利用应该评估和管理满足特定人群在特定地点的直接的人类需求和维护长期生态系统服务之间的平衡。可持续土地利用，是平衡空间开发和保护、统筹近期与远期、权衡各类利益相关者的可持续发展公共管理政策工具（王静等，2019）。可持续土地利用具有以下几个特点：（1）它不仅关注现在的土地利用和人类需求，而且关注未来时期；（2）不仅关注区域内的空间高效利用，而且放眼区域外部的影响；（3）不仅涉及所在的生态系统，而且要将自身放在更大的系统维度中考虑；（4）不仅关注生态系统功能和价值，而且关注生态系统服务之间的冲突与权衡。总之，可持续土地利用，立足于开放的、动态的、多维度和多尺度的生态系统，致力于减缓生态系统服务权衡及优化提升整体生态系统服务功能。

基于以上考虑，本研究融合了可持续发展理论、系统论和生态系统生态学理论，构建了面向可持续土地利用的生态系统服务调控理论框架（见图 3-1）。从价值论、认识论和方法论的角度，探讨可持续土地利用追求的"目标"，研究区现在和过去的生态系统服务是什么"状态"，过去生态系统服务整体效益及相互关系发生了什么变化,以及这种变化发生的"原因"是什么,土地利用及规划政策是如何影响生态系统服务变化的。在此基础上,研究设定了多种土地利用规划情景,从土地利用结构调整、生态红线划定、土地整治等多角度"预测"模拟了各种土地利用布局下生态系统服务的空间分布,帮助科学家和决策者更好地了解土地利用规划与管理过程中各种生态系统服务不平衡的潜在后果。评估并分析了在何种情况下生态系统服务得到更大的优化、生态系统服务冲突得到了减轻。通过比较,提出系统的调控"策略",实现减缓生态系统服务权衡和提高整体生态系统服务的目的。

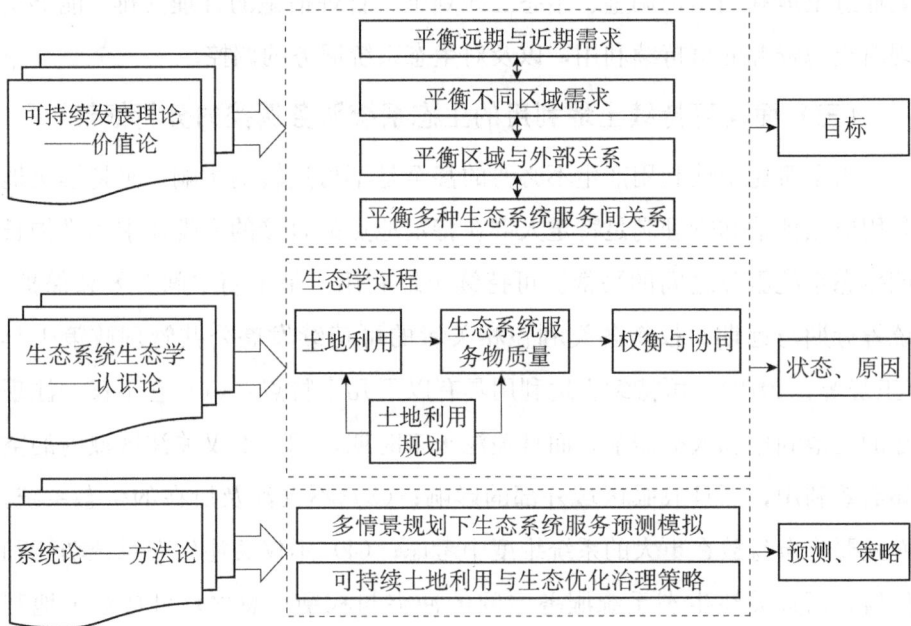

图 3-1 面向可持续土地利用的生态系统服务调控分析框架

六、本章小结

本章的主要目的是构建面向可持续土地利用的生态系统服务调控分析框架。研究分为 5 个部分:第一,阐述了本研究涉及的基本概念和理论基础，为后续研究奠定理论基础；第二，对土地利用与生态系统服务关系的再认识，提出土地利用不仅影响生态系统服务的规模，而且影响其空间关系；第三，厘清土地利用规划对生态系统服务影响的机理及过程，研究认为土地利用规划包括城市扩张、土地整治及生态红线划定等一系列过程；第四，从生态学的角度对生态系统服务之间的关系进行再梳理，阐述生态系统服务调控的原理；第五，在对土地利用参与生态系统服务调控的内在逻辑进行解释的基础上，提出了面向可持续土地利用的生态系统服务调控研究框架，形成了"理论＋方法＋治理"的研究脉络。

第四章

东营市生态系统服务评估及权衡关系

一、生态系统服务评估

（一）生境质量

生物多样性通过影响生态系统过程来影响生态系统服务，生物多样性的丧失会有损生态系统供给水平和人类福祉（Nelson et al.，2009；李奇等，2019）。自然生境的消失和退化是引起生物多样性退化的首要原因。生境是指存在一个地区的资源和条件，为给定的生命有机体提供栖息地，包括生存和繁殖（Hall et al.，1997）。生境质量（habitat quality），指的是生态环境为生物提供适宜生存和繁衍所需条件的能力和潜力，主要反映生境对不同威胁作出反应的类型和大小（包玉斌等，2015；Terrado et al.，2016；黄木易等，2019）。生境质量主要受以下四个因素影响：一是每一种威胁的相对影响；二是每一种生境类型对每一种威胁的相对敏感性；三是栅格单元与威胁之间的距离；四是单元受到合法保护的水平。In-VEST 模型假设生境质量的好坏与生物多样性的高低成正相关。为了使土地管理者了解景观区域内各个斑块所主导区域内的生物多样性空间分布，特对研究区的生境质量进行动态评估。生境质量评估的计算公式如下：

$$Q_{xj} = H_j \left[1 - \left(\frac{D_{xj}^z}{D_{xj}^z + k^z} \right) \right] \qquad 式4-1$$

式 4-1 中，Q_{xj} 为第 j 种土地利用类型 x 栅格单元的生境质量指数；H_j 为第 j 种土地利用类型的生境适宜性分值，取值范围为 0～1；z 为尺度常数，一般取 2.5；k 为半饱和常数，研究取 0.5；D_{xj} 为生境退化程度指数，表示生境受胁迫压力后表现出退化的程度，公式如下：

$$D_{xj} = \sum_{r=1}^{R} \sum_{y=1}^{Y_r} \left[\frac{\omega_r}{\sum_{r=1}^{R} \omega_r} \right] r_y i_{rxy} \beta_x S_{jr} \qquad 式 4-2$$

式 4-2 中，R 为胁迫因子数量；Y_r 为胁迫因子的栅格单元总数；ω_r 为权重；r_y 为栅格单元上的胁迫因子个数；β_x 为栅格 x 的可达性水平（法律保护水平，如严格保护区，则取值 1；如收获型保护取值 0；处于两者之间的保护水平取值为 0～1）；S_{jr} 为景观 j 对胁迫因子的敏感性，取值为 0～1；i_{rxy} 为胁迫因子的影响距离，包括线性和指数衰退两种方式，计算公式如下：

$$i_{rxy} = 1 - \left(\frac{d_{xy}}{d_{max}} \right) \quad if \quad linear \qquad 式 4-3$$

$$i_{rxy} = exp \left(-\left(\frac{2.99}{d_{max}} \right) d_{xy} \right) \quad if \quad exponential \qquad 式 4-4$$

上式中，d_{xy} 是栅格 x 和 y 之间的线性距离；d_{max} 是威胁 r 的最大作用距离。式 4-3 是线性衰退，式 4-4 是指数衰退。

该模块需要土地利用、胁迫因子、胁迫源、生境类型及生境类型对胁迫的敏感性和半饱和参数，本书参考相关研究，结合研究区的自然环境等实际情况确定相关参数，并将黄河三角洲国家级自然保护区作为保护区，可达性赋值 1。具体的胁迫因子影响距离、权重和各土地利用类型对生境胁迫因子的敏感性，见表 4-1 和表 4-2。

表 4-1　东营市胁迫因子权重

胁迫因子	最大影响距离	权重	衰退类型
城市用地	10	1	exponential
村庄用地	5	0.7	exponential
交通运输用地	2	0.6	linear

（续表）

胁迫因子	最大影响距离	权重	衰退类型
采矿用地	4	0.8	exponential
耕地	1	0.5	exponential
盐碱地	1	0.6	exponential

表4－2　东营市各类土地利用对胁迫因子的敏感性

地类代码	地类名称	生境适宜性	城市用地	村庄用地	交通运输用地	采矿用地	耕地	盐碱地
11	水田	0.5	0.5	0.6	0.2	0.5	0.3	0.8
12	水浇地	0.4	0.5	0.6	0.2	0.5	0.3	0.8
13	旱地	0.3	0.5	0.6	0.2	0.5	0.3	0.8
21	果园	0.5	0.4	0.4	0.3	0.4	0.3	0.7
31	有林地	1	1	0.8	0.7	0.7	0.6	0.4
32	灌木林地	0.9	0.9	0.8	0.7	0.7	0.4	0.4
33	其他林地	0.7	0.9	0.7	0.7	0.7	0.4	0.4
41	天然牧草地	0.9	0.7	0.4	0.6	0.6	0.5	0.3
42	人工牧草地	0.6	0.7	0.4	0.6	0.6	0.4	0.3
51	城市	0	0	0	0	0	0	0
52	建制镇	0	0	0	0	0	0	0
53	村庄	0	0	0	0	0	0	0
54	采矿用地	0	0	0	0	0	0	0
55	风景名胜用地	0.3	0.1	0	0.1	0.1	0	0.1
56	交通运输用地	0	0.5	0	0	0	0	0
57	设施农用地	0.1	0.1	0.1	0.1	0.1	0.2	0.2
59	水工建筑用地	0	0	0	0	0	0	0
61	河流水面	0.9	0.8	0.6	0.4	0.9	0.6	0.7
62	湖泊水面	0.9	0.8	0.6	0.4	0.9	0.6	0.7
63	水库水面	0.9	0.8	0.6	0.4	0.9	0.6	0.7
64	坑塘水面	0.7	0.8	0.6	0.4	0.9	0.6	0.7
65	沟渠	0.7	0.8	0.6	0.4	0.9	0.6	0.7
71	滩涂	0.6	0.6	0.6	0.5	0.8	0.7	0.5
81	其他草地	0.5	0.6	0.6	0.3	0.2	0	0.9
82	盐碱地	0.1	0.6	0.6	0.3	0.2	0	0.9

从图 4-1 中可以看出，研究区生境质量高值和较高值主要位于黄河入海口及部分海域和水域，低值和较低值主要位于中部和南部，生境质量的空间异质性特征明显。土地规划实施以来，生境质量低值区在逐渐扩张，主要位于研究区中部东营区城镇周边及北部油田等采矿用地周边。生态退化的重点区域主要位于黄河入海口和黄河故道及城镇周边。强退化、中等退化的区域虽然在逐步减弱，但是整体的退化格局未有实质性变化（见图 4-2）。时序变化统计分析表明：生境质量在 2009 年和 2017 年平均值分别为 0.4172 和 0.4100，表明生境质量仍然呈现下降的趋势；生境质量指数的标准差从 0.2745 上升到 0.2810（见表 4-3），这说明空间上栅格单元之间的生境质量的分值波动幅度在增大，生境质量差异在扩大。生境退化程度的统计分析表明，2009 年和 2017 年平均值分别为 0.0303 和 0.0281，这说明总体上生境退化程度在降低，生境退化程度的最大值也由 0.1207 下降到 0.1161。

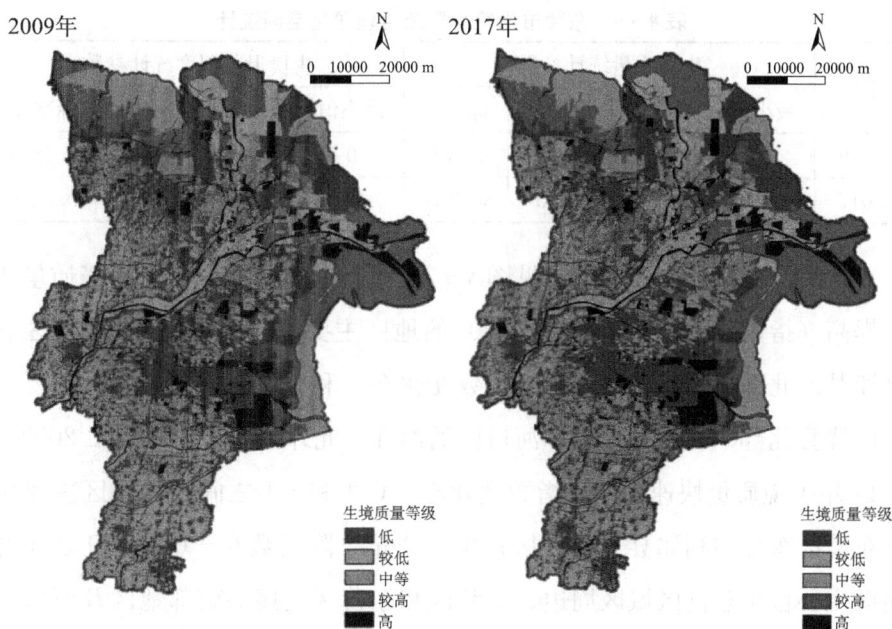

图 4-1 东营市 2009 年和 2017 年生境质量空间分布

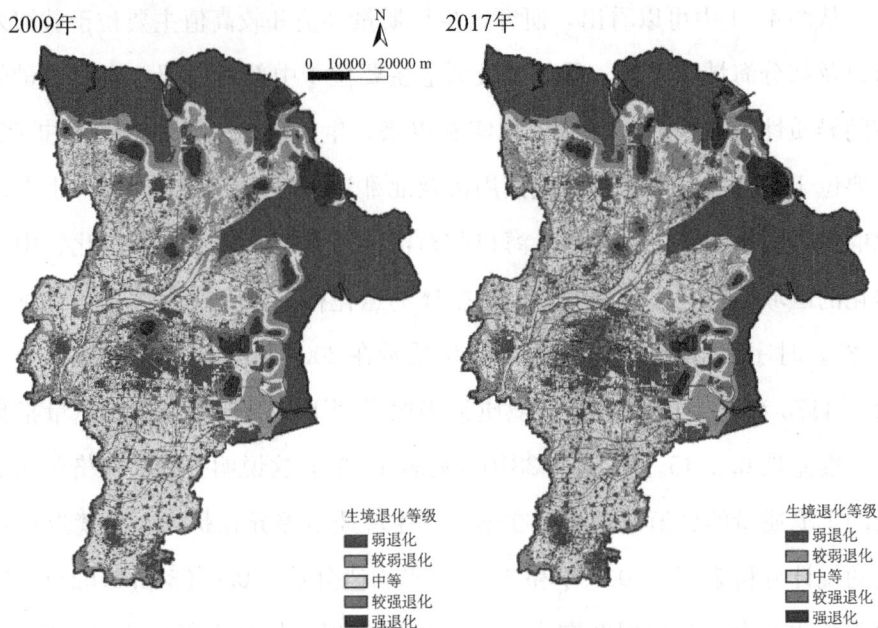

图 4 - 2　东营市 2009 年和 2017 年生境退化程度空间分布

表 4 - 3　东营市生境质量及生境退化空间统计

年份	生境质量统计参数				生境退化程度统计参数			
	最小值	最大值	平均值	标准差	最小值	最大值	平均值	标准差
2009	0	1	0.4172	0.2745	0	0.1207	0.0303	0.0266
2017	0	1	0.4100	0.2810	0	0.1161	0.0281	0.0256

　　从生境质量指数的变化（见图 4 - 3）来看，2009—2017 年生境质量快速提高（指数变化在 0.4 和 1 之间）的地区主要位于垦利区[①]中部地区和利津县的北部地区；变化较快（指数变化在 0 和 0.4 之间）的地区主要位于广饶县北部、利津县北部和河口区的西部。此外，图 4 - 3 显示，2009—2017 年生境质量快速降低（指数变化在 -0.4 和 -1 之间）的地区主要位于东营区东部和利津县北部地区；生境质量下降指数在 -0.4 和 0 之间的地区主要位于东营区城区周边、垦利区和东营区交接的南部地区及河口区

---

　　① 原为垦利县，2016 年 8 月改名为垦利区。

的中部和东部地区。

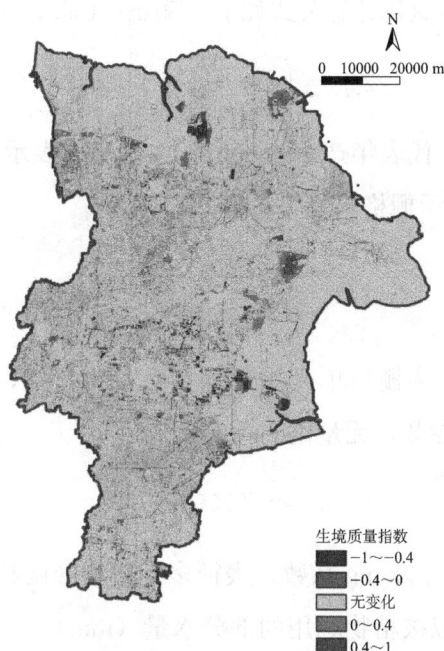

图 4 - 3 东营市 2009—2017 年生境质量指数空间变化

　　总体上，由于中部和南部区域以农地和城镇用地为主，北部部分地区受石油等工业化的影响，生境质量相对较差。随着城镇化发展，中部东营区的城镇周边区域生境质量仍有进一步退化的风险。而北部地区，由于国家级自然保护区的划定及黄河生态调水的影响，生境质量在逐步改善；但是由于黄河三角洲淡水资源匮乏、土壤盐分含量较高及工业化城镇化的影响，北部地区植被覆盖率较低，生境质量的改善仍然面临巨大挑战。

（二）产水量

　　水源涵养（water retention）是指在一定时空范围内，生态系统保持水分的过程和能力。是陆地生态系统重要的生态服务功能之一，包含着大气、水分、植被和土壤等自然过程。由于数据限制，研究简化模型，仅计算产水量（water yield）。InVEST 产水量模型是基于水量平衡原理、Budyko 曲线和年均降水量模拟估算水源涵养的模型。其原理是通过降水、植物蒸腾、地表蒸散发、根系深度、土壤深度和植被可利用水等参数经过模型计算获得流域产水量。产水量模型的具体计算公式如下（Sharp et al.，2015）：

$$Y_{xj} = \left(1 - \frac{AET_x}{P_x}\right) \times P_x \qquad 式4-5$$

式4-5中，Y_{xj} 代表年产水量（mm），AET_x 表示栅格单元 x 的年均实际蒸散量、P_x 表示栅格单元 x 的年均降水量。

$$\frac{AET_{xj}}{P_x} = \frac{1 + \omega_x R_x}{1 + \omega_x R_x + \dfrac{1}{R_x}} \qquad 式4-6$$

式4-6中，R_x 为栅格单元的干燥指数，无量纲；ω_x 表示自然气候-土壤性质的非物理参数，无量纲。

$$\omega_x = Z \times \frac{AWC_x}{P_x} \qquad 式4-7$$

式4-7中，Z 为 zhang 系数，表征多年平均降雨特征，AWC_x 为土壤中能够持有并且可以被植物利用的部分水量（mm）。

$$R_x = \frac{K_{xj} \times ET_0}{P_x} \qquad 式4-8$$

式4-8中，K_{xj} 为作物系数，是土地利用类型 j 在栅格单元 x 上蒸散量 ET（mm）与潜在蒸散量 ET_0（mm）的比值；ET_0 为潜在蒸散量（mm），又称参考蒸散量。

$$AWC_x = MIN(Soil\ Depth, Roots) \times PAWC_x \qquad 式4-9$$

式4-9中，$Soil\ Depth$ 为土壤最大深度，$Roots$ 为根系深度，$PAWC_x$ 为植被可利用水（mm），可通过土壤质地间接计算获得，见图4-4、图4-5。

$$ET_0 = 0.0013 \times 0.408 \times RA \times (T_{avg} + 17) \times (TD - 0.0123P)^{0.76}$$

$$式4-10$$

式4-10中，ET_0 是潜在蒸散量，是根据 Modified-Hargreaves 公式计算，RA 是太阳大气顶层辐射（MJ·$m^{-2}a^{-1}$），是太阳总辐射的2倍；T_{avg} 是日均最高温度和日均最低温度的平均值（℃）；TD 为日最高温度均值和日最低温度均值的差值（℃）；P 是年平均降水量，见图4-6至4-8。

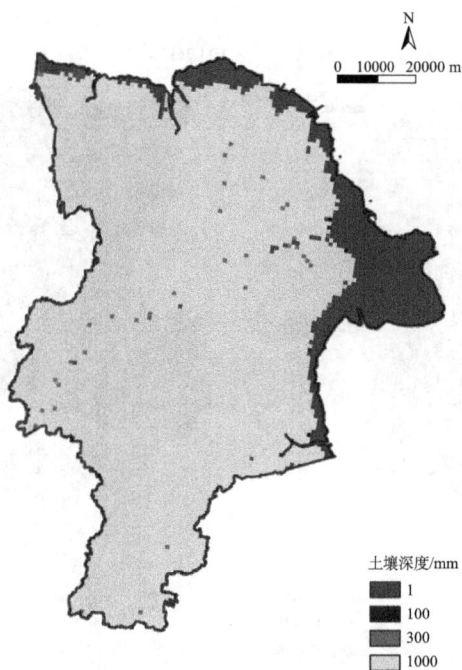

图4-4 东营市土壤最大深度

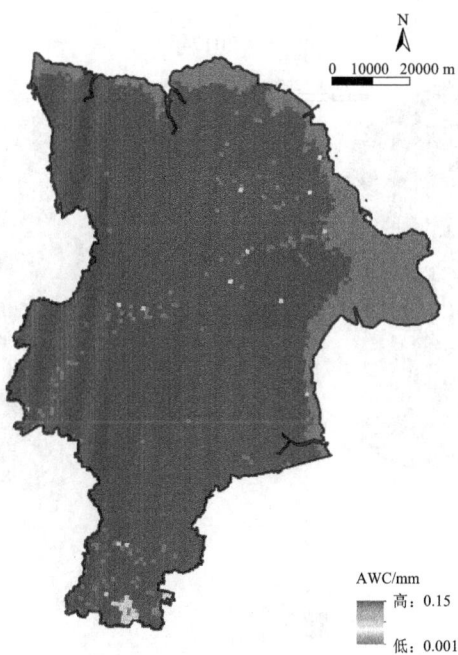

图4-5 东营市植被可利用含水量

2009年

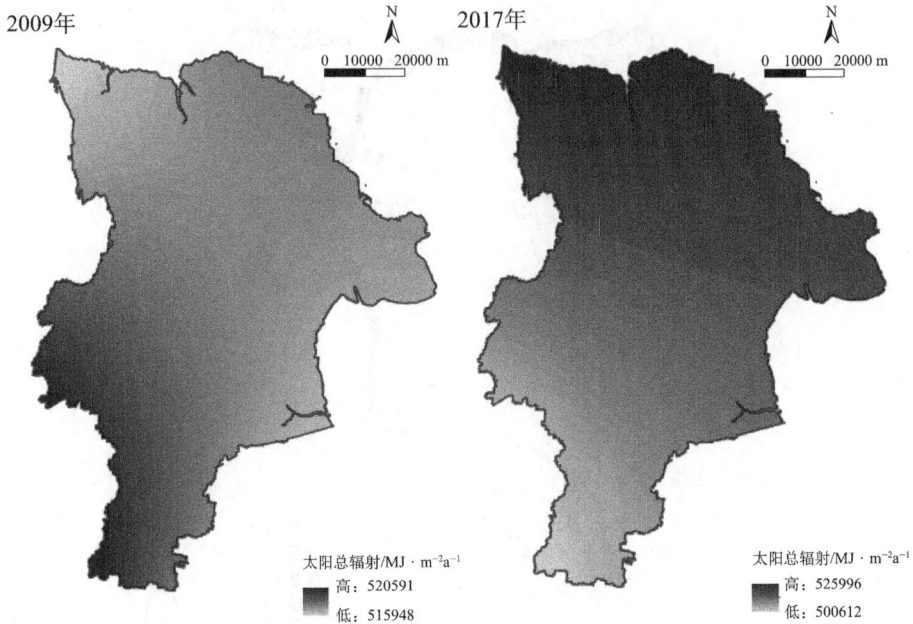

2017年

太阳总辐射/MJ·m⁻²a⁻¹
高: 520591
低: 515948

太阳总辐射/MJ·m⁻²a⁻¹
高: 525996
低: 500612

图4-6 东营市2009年和2017年太阳总辐射

2009年

2017年

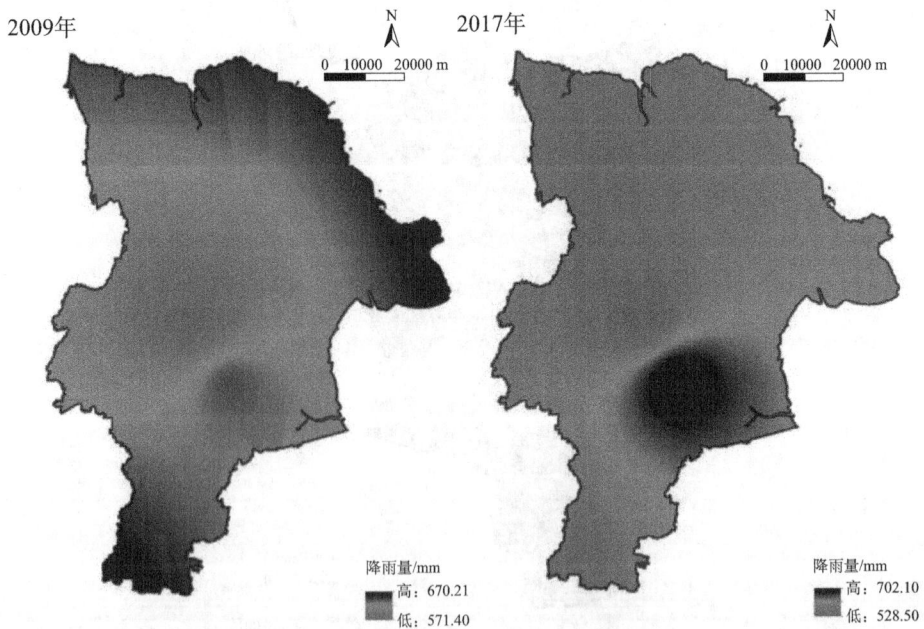

降雨量/mm
高: 670.21
低: 571.40

降雨量/mm
高: 702.10
低: 528.50

图4-7 东营市2009年和2017年年均降雨量

2009年

2017年

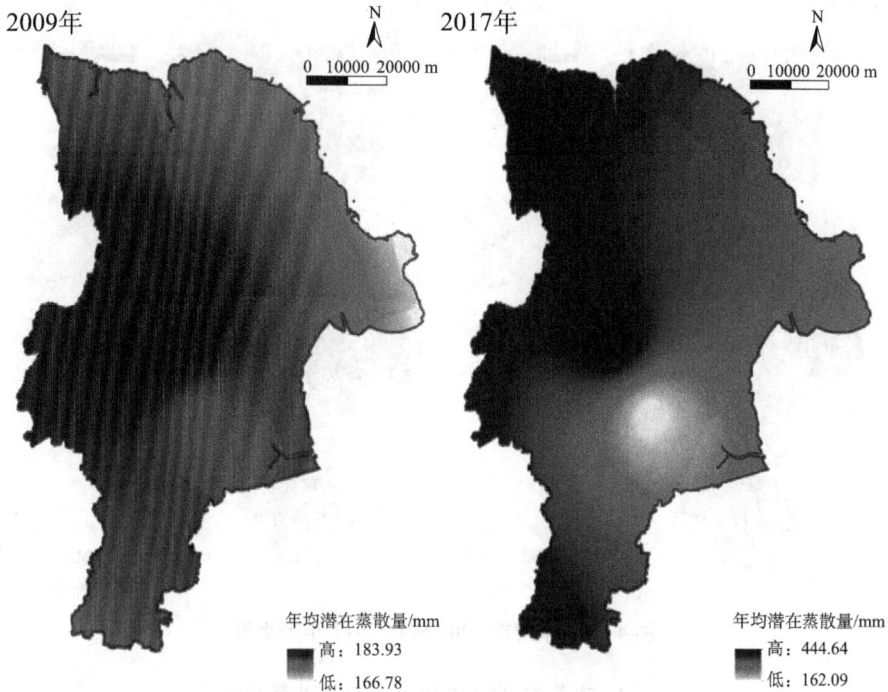

图4-8　东营市2009年和2017年潜在蒸散量

　　将准备的栅格数据和本地化的相关参数输入模型，运行 InVEST 模型，得到产水量的栅格单元和子流域两种形式的数据（见图4-9）。从图中可以看出，东营市产水量的高值区主要位于东北部和中南部区域，低值区主要位于西北部和东部地区，产水量呈现较强的空间异质性。2009年栅格单元产水量值介于370mm和650mm之间，2017年栅格单元产水量值介于54mm和685mm之间，东营区的东部地区由低值区转变为高值区，西北地区的低值区域则在2017年进一步降低。从表4-4中可以看出，2009—2017年产水量呈下降趋势，年均产水量由512.89mm下降到390.23mm。与此同时，2017年的最大值比2009年大，而最小值比2009年小，标准差也比2009年大很多，这说明产水量在2017年的空间分布更加不均，产水量的波动幅度较大。

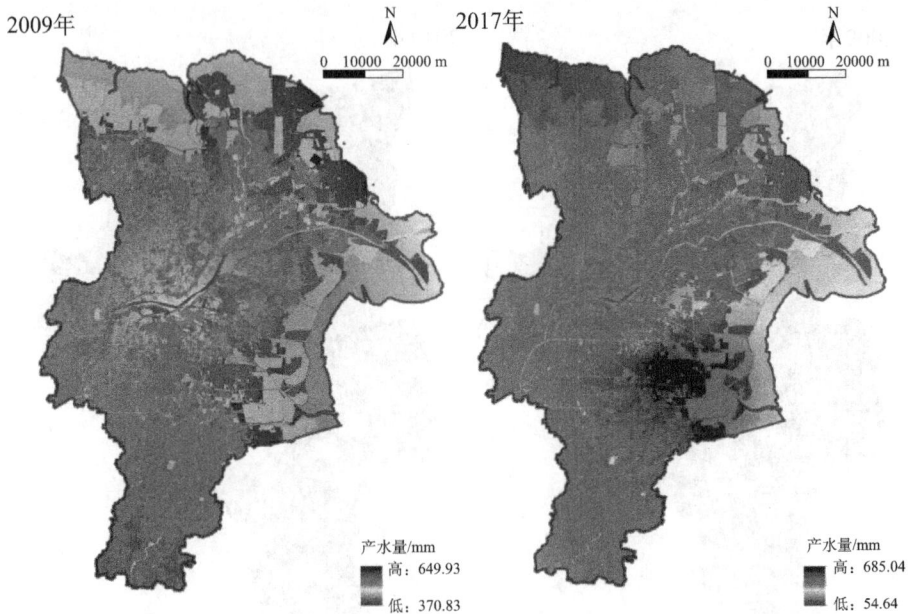

图 4-9　东营市 2009 年和 2017 年产水量

表 4-4　东营市 2009 年和 2017 年产水量统计表

单位：mm

年份	最小值	最大值	平均值	标准差	总和
2009	370.83	649.93	512.89	60.66	4696558090
2017	54.64	685.04	390.23	136.12	3573359514

从产水量的空间变化来看（见图 4-10），2009—2017 年产水量增长的地区主要位于东营市的中心城区，其他区域产水量都呈减少趋势，尤其是东营市西北部地区产水量减少的量在 515mm 和 250mm 之间。这主要与 2017 年降雨量的高值区和潜在蒸散量的低值区都转移到了东营区的中心城区有关（见图 4-7、4-8）。

(三) 土壤保持

土壤保持（soil retention）是生态系统的重要支持服务功能之一，为土壤形成、植被固定、水源涵养等提供了重要基础，也为生态安全提供了保障。InVEST 模型中泥沙输移比模块（Sediment Delivery Ratio Mode,

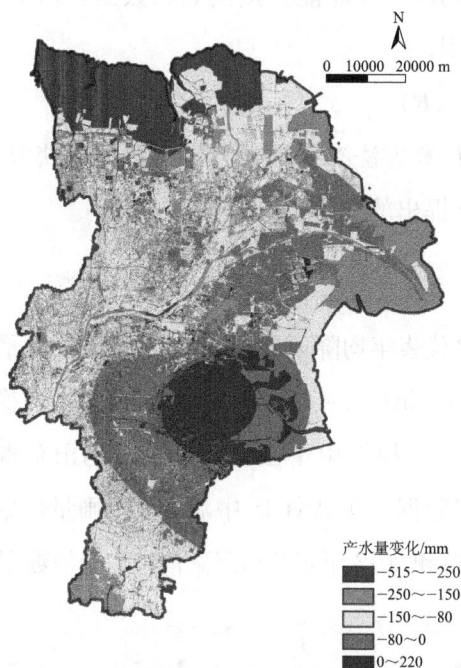

图 4 - 10　东营市 2009 年到 2017 年产水量变化空间分布

简称 SDR）以 USLE（通用土壤流失方程）为基础，改进了 USLE 模型对
重要水文过程的描述不足（认为地块不仅能够减缓土壤侵蚀而且还能拦截
上游沉积物），并且实现了评估结果的空间化和可视化。根据 InVEST 模
型手册和相关研究可知，模型需要的数据主要包括：DEM、月降雨量、年
降雨量、土壤可蚀因子 K、土地利用、植被覆盖因子 C 和水土保持措施因
子 P 等栅格和表格数据。土壤保持量即为潜在土壤侵蚀量（RKLS）和实
际土壤侵蚀量（USLE）差值。具体计算公式如下：

$$\Delta USLE = RKLS - USLE = R \times K \times LS \times (1 - C \times P) \quad \text{式 4 - 11}$$

式 4 - 11 中，$\Delta USLE$ 是年平均土壤保持量（$\text{t} \cdot \text{ha}^{-1} \text{y}^{-1}$）；$R$ 代表降水侵
蚀力因子 $\text{MJ} \cdot \text{mm} \cdot (\text{hm}^2 \cdot \text{h} \cdot \text{a})^{-1}$；$K$ 是土壤可蚀因子 $\text{t} \cdot \text{h} \ (\text{MJ} \cdot \text{mm})^{-1}$；
LS 代表坡长和坡度因子；C 代表植被覆盖与作物管理因子，P 代表土壤
保持措施因子。

考虑到公式中的因子并非能直接获取的数据，以下将对参数的具体计算方法进行详细说明。

1. 降雨侵蚀力（R）

降雨侵蚀力的计算方法有多种，考虑到数据可获取性和科学性，本研究参考 Wisohmeier 提出的算法，公式如下：

$$R = \sum_{i=1}^{12} 1.735 \times 10^{(1.5 lg \frac{P_i^2}{P} - 0.8188)} \qquad \text{式 4-12}$$

式 4-12 中，P 代表年均降雨量（mm）；P_i 代表月平均降雨量（mm）；R 的单位是 100ft·t·in/(ac·h·a)，乘以 17.02，转换成国际单位 MJ·mm·(hm²·h·a)$^{-1}$。根据由中国气象网获取的山东省 2009 年和 2017 年月降雨量和年降雨量数据，在 ArcGIS 中对多期降雨量数据进行插值，并依据公式计算得到 2009 年和 2017 年东营市降雨侵蚀力栅格数据（见图 4-11）。

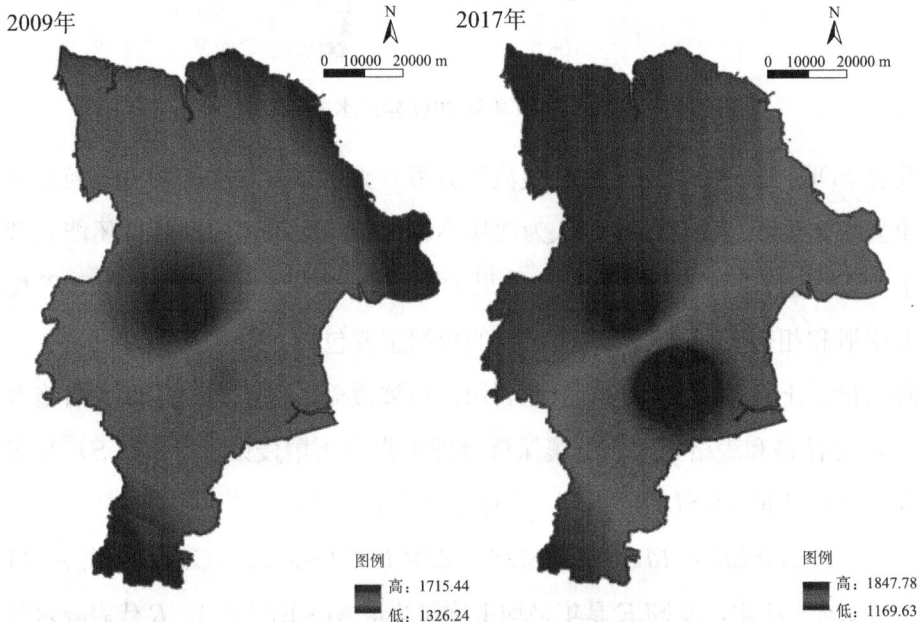

图 4-11　东营市 2009 年和 2017 年降雨侵蚀力

2. 土壤可蚀性（K）

土壤可蚀性 K 值是衡量土壤颗粒对降雨、径流侵蚀和搬运作用敏感性指标。本研究采用 Williams 等提出的侵蚀-生产力评价模型 （erosion productivity impact calculator，EPIC） 方法计算 K 值，计算公式如下：

$$K = 0.1317 \times \left\{ 0.2 + 0.3 \times \exp\left[-0.0265SAN\left(1 - \frac{SIL}{100}\right)\right]\right\}$$

$$\left[\frac{SIL}{CLA + SIL}\right]^{0.3} \times \left\{1 - 0.25 \times \frac{C}{C + \exp(3.72 - 2.95 \times C)}\right\}$$

$$\left\{1 - 0.7 \times \frac{SN_1}{SN_1 + \exp(22.9SN_1 - 5.51)}\right\}$$

$$SN_1 = 1 - \frac{SAN}{100} \qquad \text{式 4 - 13}$$

式 4 - 13 中，SAN、SIL、CLA 分别为砂粒含量 （％）、粉粒含量（％） 和黏粒含量 （％）；C 代表有机碳含量 （％）；计算得到的 K 值单位是 t·acre·hr/100·acre·feet·tonf·inch 需要乘以 0.1317 才能转换为国际单位制 t·h $(MJ·mm)^{-1}$。上述数据来自中国土壤数据库，并结合东营市实际情况计算得到 （见图 4 - 12）。

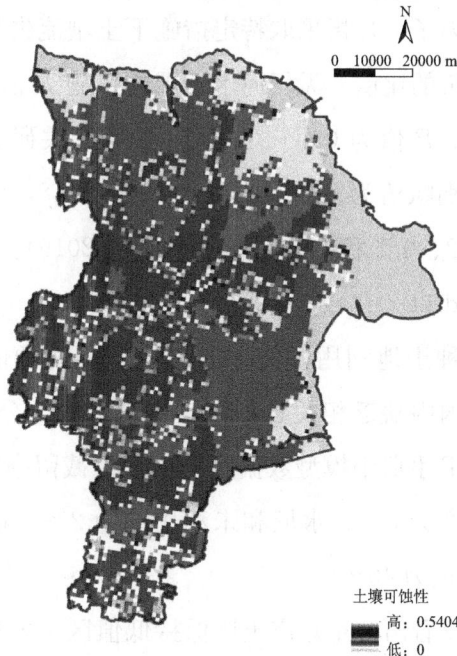

图 4 - 12 东营市土壤可蚀性 K 值空间分布

3. 植被覆盖与作物管理因子（C）

C因子，是指在一定条件下有植被覆盖或实施田间管理的土壤侵蚀总量与无作物管理的休耕土地土壤侵蚀总量的比值。C因子与土地利用类型和植被覆盖度有直接关系。本研究借鉴蔡崇法的研究方法，计算公式如下：

$$\begin{cases} C = 1 & c = 0 \\ C = 0.6508 - 0.3436logc & 0 < c < 78.3\% \\ C = 0 & c > 78.3\% \end{cases} \qquad 式4-14$$

$$c = \frac{NDVI - NDVI_{min}}{NDVI_{max} - NDVI_{min}} \qquad 式4-15$$

上式中，c为研究区域植被覆盖度，本研究将2009—2017年9月的$NDVI$平均值作为植被覆盖度计算因子，通过计算各期不同土地利用类型相应的植被覆盖度，得到C因子。

4. 土壤保持措施因子（P）

土壤保持措施因子，是指采取特定措施下土壤流失量与不采取任何措施耕作的土壤侵蚀量的比值。无任何水土保持措施P值取1，无侵蚀地区P值取0，其他情况P值为0～1。本研究参考相关研究，对水田、水浇地、旱地和园地分别赋值为0.4、0.3、0.15和0.18，滩涂、荒草地和盐碱地分别赋值为0.2、0.2和0.5（Zhou et al.，2019）。

5. 截留率（Sedret_eff）

截留率是指每种土地利用拦截上游地块沉积物的能力，取值范围为0～100。由于目前国内缺乏相关数据库，也没有较为公认的数据可参考，本研究依据InVEST手册中模型数据库中的泥沙截留率赋值。因此，本书设定建设用地截留率为5%，水域和未利用地为2%，耕地为50%，园地和林地为60%，草地为40%。

从图4-13可以看出，东营市土壤保持低值区主要位于东营市的东部和北部地区，土壤保持在0～30的基本覆盖除低值区外全部区域，值在

30～300 的主要位于广饶县的南部、垦利区中部和河口区的北部，分布较为发散。从时序变化来看，2009 年到 2017 年土壤保持呈下降的趋势，平均值分别为 2.09 和 1.90（见表 4 - 5）。

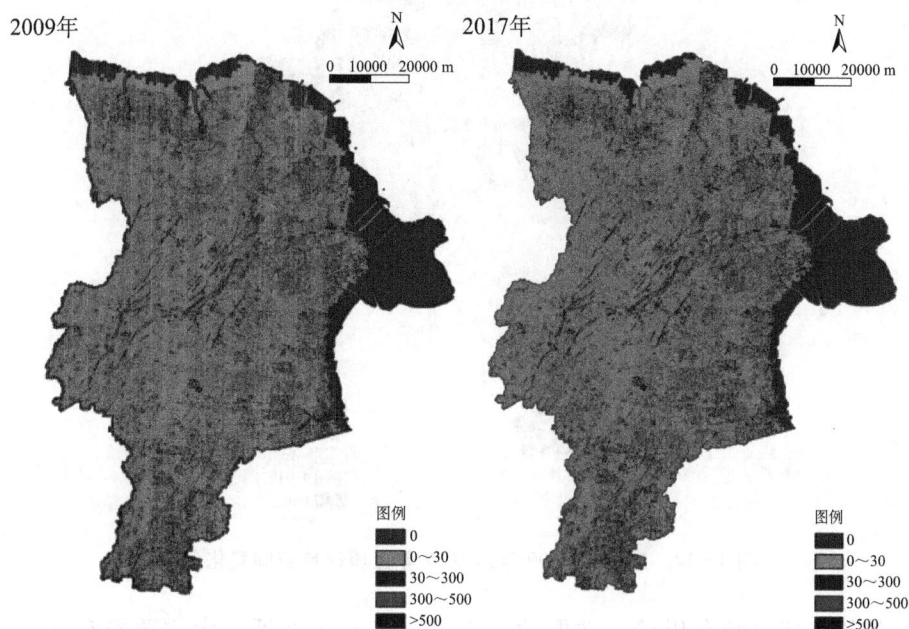

图 4 - 13　东营市 2009 年和 2017 年土壤保持分布

表 4 - 5　东营市 2009 年和 2017 年土壤保持统计表

年份	最小值	最大值	平均值	标准差	总和
2009	0	83893	2.09	64.16	19106918
2017	0	78657	1.90	59.35	17331917

从土壤保持空间变化来看，增加的区域主要位于东营区的周边，东营市的北部、东部和东营区的周边呈带状分布的地区土壤保持变化量几乎不变，而除此之外的其他区域都呈下降的趋势，尤其是在广饶县南部减少得较为集中（图 4 - 14）。

（四）粮食供给

粮食供给是农业生态系统服务最重要的供给服务。本研究用粮食生产

土壤保持变化量
- ■ <-10
- ▨ -10~-1
- □ -1~1
- ▨ 1~10
- ■ >10

图 4-14　东营市 2009 年到 2017 年土壤保持空间变化分布

的供给来代表粮食供给，选取的是小麦、玉米和水稻三大主要粮食作物，三者产量占粮食总产量的 90% 以上。本研究将耕地生产的粮食作物，按照重量转换为相对应的能量。其中，粮食产量主要参考《东营市统计年鉴2010》和《东营市统计年鉴 2018》，粮食所含的能量则依据《中国食物成分表 2017》。为了将粮食供给空间化，研究参考了相关研究（Xu et al.，2018；王蓓等，2016），按照重量转化为相应的能量。模型假设耕地全部用来生产粮食作物，粮食作物的产量与植被净初级生产力（NPP）是线性相关的，利用 NPP 值对粮食供给能量进行修正，最终得到粮食供给的空间分布。具体计算公式如下：

$$P_n = \sum_{j=1}^{j} G_j \times E_j \qquad \text{式 4-16}$$

$$FS_i = \sum_{n=1}^{n} \frac{NPP_{i,n}}{NPP_{\text{sum},n}} \times P_n \qquad \text{式 4-17}$$

上式中，P_n 代表第 n 个区域提供的粮食总能量，G_j 代表第 j 种粮食作物的产量，E_j 代表第 j 种粮食作物单位重量的热量，FS_i 为研究区中栅格对应的食物能量，$NPP_{i,n}$ 为第 n 个区域 NPP 栅格值，$NPP_{sum,n}$ 为第 n 个研究区 NPP 总值，n 代表东营市下辖的县区个数，j 分别代表小麦、玉米和水稻 3 种粮食作物，i 代表栅格单元。为了使对粮食供给的评估更加精确，本研究分别对东营市 5 个县区进行评估，然后再将评估结果合并到一个图层。

从表 4-6 中可以看出，2009 年和 2017 年东营市粮食供给总能量分别为 27309.41 亿 kcal 和 44393.56 亿 kcal，呈快速上升的趋势，这与东营市粮食种植面积快速增长和科技进步密切相关。各个县区也不同程度地快速增长，其中河口区增长速度最快，2017 年粮食供给总能量已达到 2009 年水平的 2.58 倍。从单位面积能量来看，东营市各个县区也都呈快速增长的趋势，在耕地面积下降的趋势下，单位面积粮食供给能量上升的原因在于耕地质量的提升、科技进步和农作物管理水平的提升。从空间上看，粮食供给的高值区位于东营市南部广饶县，低值区主要位于东营市的北部和东部，中值区位于黄河两岸的地区（见图 4-15）。这与耕地质量和水源有关，东营市耕地质量总体上南部高于北部，淮河流域及黄河流域的淡水资源相对较为丰富。

表 4-6　东营市各县区 2009 年和 2017 年粮食供给能量统计

行政区	能量（亿 kcal）		耕地面积（km²）		单位面积能量（亿 kcal/km²）	
	2009 年	2017 年	2009 年	2017 年	2009 年	2017 年
东营市	27309.41	44393.56	2448.82	2350.32	11.15	18.89
东营区	2596.40	4156.94	286.92	265.28	9.05	15.67
河口区	1427.36	3689.48	398.40	439.15	3.58	8.40
垦利区	3832.45	8261.88	443.15	474.82	8.65	17.40
利津县	5283.14	10996.15	616.81	556.57	8.57	19.76
广饶县	14170.06	17289.04	703.54	614.49	20.14	28.14

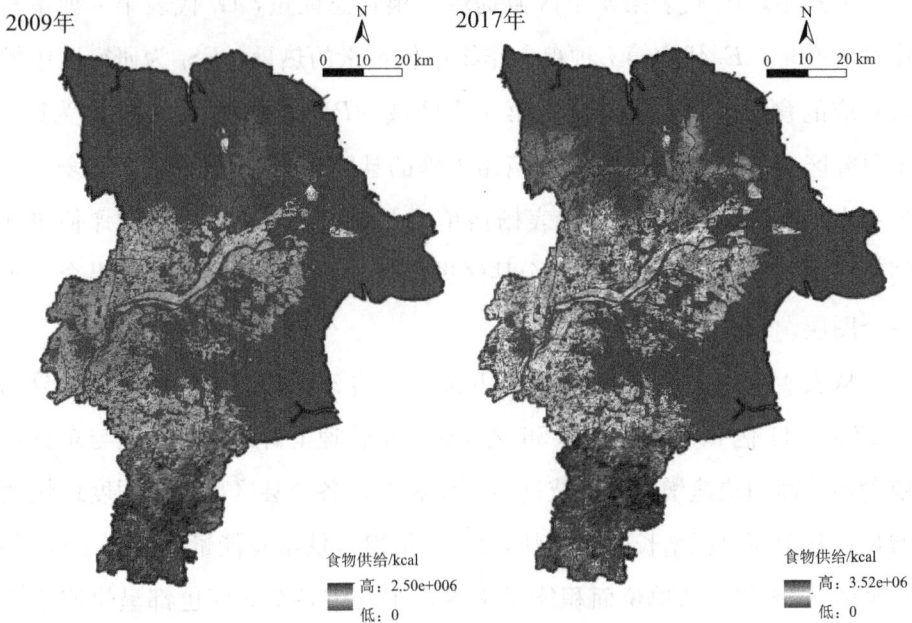

图 4-15　东营市 2009 年和 2017 年粮食供给空间分布

　　从空间变化的角度看，粮食供给增加的区域远大于减少的区域（见图 4-16）。粮食供给增加超过 1000000kcal 的区域主要集中在利津县和垦利区及广饶县北部地区。粮食供给增加在 0～1000000kcal 的区域主要集中在河口区、广饶县和东营区的西部地区。粮食供给减少的区域相对分散，其中较为集中的区域有河口区东部，供给减少超过 1000000kcal 的区域大部分都位于广饶县的南部。

（五）碳存储

　　森林、草地、沼泽及其他陆地生态系统碳储量高于大气，对受二氧化碳（CO_2）浓度驱动的气候变化具有重要影响，在全球碳循环中起着十分重要的作用。碳存储（carbon storage）是指土地利用将 CO_2 存储在树木、土壤和其他生物质里面，除存储功能外，许多生态系统还不断地将碳累积到植物和土壤中，从而又"固定"或"固持"了每年额外的碳。InVEST 模型假定陆地生态系统的碳库分为 5 个部分，包括地上生物量、地下生物

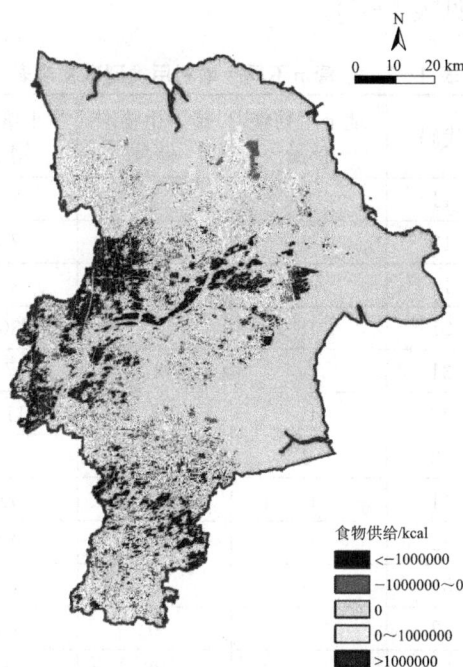

食物供给/kcal

- <-1000000
- -1000000~0
- 0
- 0~1000000
- >1000000

图 4-16　东营市 2009 年到 2017 年粮食供给空间分布

量、土壤碳库、死亡有机物碳库和木材收获量。地上生物量包括土壤以上所有存活的植物材料，如树皮、树干、树枝和树叶。地下生物量包括这些植物活的根系统。土壤碳库包括土壤中全部有机碳含量；死亡有机物碳库包括凋落物、倒立或站立的已死亡的树木。木材收获量包括砍伐掉的柴薪、用于建造房屋或家具的木材等所具有的生物量。由于第五碳库木材收获量 P 很难统计，模型常常不计算第五碳库，公式如下：

$$C = C_{above} + C_{below} + C_{soil} + C_{dead} \qquad 式 4-18$$

式 4-18 中，C 为碳存储量，C_{above}、C_{below}、C_{soil}、C_{dead} 分别代表地上生物碳储量（MgC）、地下生物碳储量（MgC）、土壤碳储量（MgC）和死亡有机物碳储量（MgC）。

模型需要的数据包括土地利用数据和碳库数据，土地利用数据来自沿用以上土地利用数据，碳库数据参考周方文等（2015）和李慧颖（2019）的研究，结合黄河三角洲独特的资源环境，根据区域相近性和科学性等原则，设计碳库表（见表4-7）。

表4-7 东营市不同土地利用类型碳密度表

土地利用类型名称	代码	地上生物碳储量	地下生物碳储量	土壤碳储量	死亡有机物碳储量
水田	11	9	4	25	0.3
水浇地	12	9	4	25	0.3
旱地	13	9	4	25	0.3
园地	21	18	8	30	1
有林地	31	54	27	171	2
灌木林地	32	10	5	119	2
其他林地	33	2	2	30	0.4
天然牧草地	41	16	40	92	30
人工牧草地	42	16	40	92	30
城市	51	0	0	12	0
建制镇	52	0	0	12	0
村庄	53	0	0	12	0
采矿用地	54	0	0	12	0
风景名胜用地	55	0	0	12	0
交通运输用地	56	0	0	12	0
设施农用地	57	2	2	12	0
水工建筑用地	59	0	0	12	0
河流水面	61	1.5	0.5	15	0
湖泊水面	62	1	0.5	30	0
水库水面	63	1	0.5	30	0
坑塘水面	64	2	1	24	0
沟渠	65	1.5	0.5	20	0
滩涂	71	1	0	15	0
其他草地	81	1.5	0.2	11	0.3
盐碱地	82	0	0	12	0

将土地利用数据和碳密度等参数信息输入 InVEST 模型的 Carbon 模块中，运行得到 2009 年和 2017 年东营市碳存储数据，利用 GIS 空间统计工具和制图工具最终获得研究区 2009 年和 2017 年碳储量图和表格。

2009 年和 2017 年东营市碳存储密度分布为 $1.08 \sim 22.86 Mg/hm^2$，2009 年东营市碳存储总量为 24.11Tg，平均碳密度值为 $2.63 Mg/hm^2$。2017 年东营市碳存储总量为 23.78Tg，平均碳密度值为 $2.60 Mg/hm^2$（见表 4-8）。从空间分布上分析，东营市碳存储存在明显的空间异质性，黄河入海口区域的碳储量较高，而城镇地区和海岸带碳存储量较低（见图 4-17）。

表 4-8　东营市 2009 年和 2017 年碳存储统计表

单位：Mg/hm^2、Tg

年份	最小值	最大值	平均值	标准差	总和（Tg）
2009	1.08	22.86	2.63	3.02	24.11
2017	1.08	22.86	2.60	3.03	23.78

注：$Mg = 10^6 g$，$Tg = 10^{12} g$

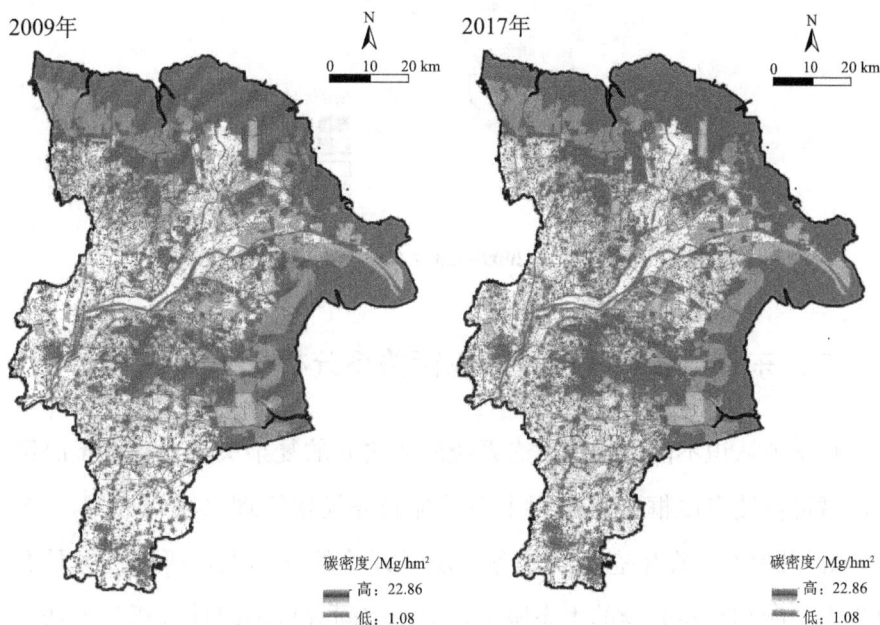

图 4-17　东营市 2009 年和 2017 年碳存储空间分布

从 2009 年到 2017 年，东营市碳存储量减少了 0.32Tg。本研究利用 GIS 的空间分析功能，对两个年份的碳存储栅格数据进行相减分析，得到 2009—2017 年东营市碳存储变化空间分布图。从图 4-18 中可以看出，河口区西部地区和垦利区中部地区碳存储增加较为明显，而在利津县北部和东营区等城镇周边碳存储量减少较为明显。

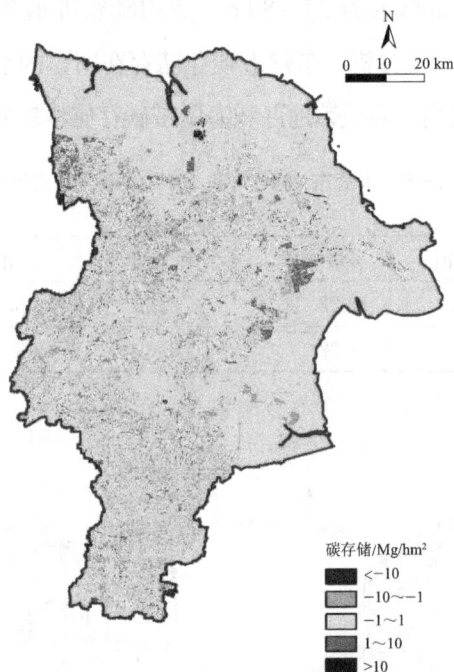

图 4-18　东营市 2009—2017 年碳存储变化空间分布

二、东营市多种生态系统权衡关系分析

科学地认识不同类型的生态系统服务之间的复杂关系，有助于决策者在区域可持续发展框架下实现生态系统服务优化管理（李双成等，2013；彭建等，2017）。在生态系统服务物质量评价的基础上，研究选择具有重要生态功能和空间分异的生态服务，采用空间分析和统计分析的方法，分别研究在 30m 栅格尺度上研究区多种生态系统服务之间的权衡与协同关系及空间差异性。

（一）生态系统服务空间权衡指数法

生态系统服务权衡与协同关系的研究方法包括统计分析和空间制图

等。本研究首先利用 ArcGIS 软件中 Spatial analyst tools 下 Multivariate 模块中的 Band Collection Stasistics 工具，分别计算上述 5 种生态系统服务的相关性矩阵，然后采用生态系统服务空间制图分析法，从空间上分析生态系统服务关系。为此，本研究参考了 Pan 等（2013）和吴蒙（2017）的研究引入生态系统服务空间权衡指数 T，公式如下：

$$T_{ij} = \ln \frac{ES_{pi}}{ES_{pj}} \qquad\qquad 式 4-19$$

式 4-19 中，T_{ij} 是生态系统服务 i 和 j 的权衡指数，$-\infty < T < +\infty$，当 T 值越接近于 0 时表示权衡程度较弱，反之则表示权衡程度较强。ES_{pi} 和 ES_{pj} 分别是 i 组和 j 组生态系统服务指数，这里的指数是由前文评估的物质量经过归一化得到的结果，标准化的公式如下：

$$ES_{pi} = \frac{ES_i - ES_{i-\min}}{ES_{i-\max} - ES_{i-\min}} \qquad\qquad 式 4-20$$

式 4-20 中，ES_i 是 i 类型生态系统服务的实际值；$ES_{i-\min}$ 是 i 类型生态系统服务在该区域的最小值；$ES_{i-\max}$ 是 i 类型生态系统服务在该区域的最大值。

（二）东营市多种生态系统服务相关性分析

从第四章第一部分的评估来看，东营市生境质量、产水量、土壤保持、粮食供给和碳存储具有显著的空间异质性。东部沿海和北部地区是生境质量高等级所在区，产水量、土壤保持、粮食供给和碳存储能力较低。而南部和中西部地区是产水量、粮食供给和碳存储高值区，生境质量服务较弱。使用 Band Collection Stasistics 工具，计算得到 5 组生态系统服务相关性矩阵，并利用 STATA 软件对提取的栅格数据进行回归系数显著性检验。

从表 4-9 中可以看出，生境质量与产水量、土壤保持，产水量与粮食产量、碳存储生态系统服务具有负相关。而从表 4-10 中可以看出，只有 3 对生态系统服务是负相关关系，包括生境质量与产水量和粮食产量，产水量和土壤保持服务。从 2009 年到 2017 年,生境质量与产水量的权衡关系始终不变,其原因主要是生境质量高等级区主要分布在东部和北部沿海区域,这块区域主要是海水和湿地。而产水量与降雨量、温度等气候条件有直接的关系,高值区主要分布在中部和南部区域。值得注意的是,生境质量与粮食产量、产水量与土壤保持的关系在 8 年间发生了逆转,由 2009年的协同关系转变为 2017 年的权衡关系。其原因主要是 2017 年粮食产量供给服务在中西部地区呈现快速增长的趋势,这可能与剧烈的土地整治活动有关。大规模的农用地开发,导致中西部地区耕地大规模增加,粮食供给增加的同时,导致生境质量有所降低。此外,受降雨量的强烈影响,东营市的产水量空间分布发生较大转移,导致部分地区土壤保持能力下降。多种生态系统服务的相关关系较为复杂,仅从总体上计算测量其相关关系不能精确反映空间权衡关系。

表 4 - 9　2009 年多种生态系统服务相关关系

生态系统服务	生境质量	产水量	粮食产量	土壤保持	碳存储
生境质量	1.00				
产水量	−0.82**	1.00			
粮食产量	0.04	−0.03**	1.00		
土壤保持	−0.06**	0.22	0.03*	1.00	
碳存储	0.40	−0.03**	0.01	0.13	1.00

表 4 - 10　2017 年多种生态系统服务相关关系

生态系统服务	生境质量	产水量	粮食产量	土壤保持	碳存储
生境质量	1.00				
产水量	−0.71**	1.00			
粮食产量	−0.05**	0.22	1.00		
土壤保持	0.04	−0.01**	0.01*	1.00	
碳存储	0.40	0.02	0.15	0.01	1.00

(三) 多种生态系统服务权衡空间差异特征

生态系统服务权衡和协同的空间分布具有高度的异质性和多样性(Xu

et al.，2018），发展有效的方法来协调生态系统服务之间的权衡对实现包容性增长和可持续发展具有重要意义（Zhao et al.，2019）。为了进一步明确多种生态系统服务权衡空间特征，根据前文的内容，利用 ArcGIS 空间分析工具计算 4 对生态系统服务空间权衡指数，揭示 4 种生态系统服务的相互关系，从而为土地利用管理和情景模拟提供科学依据。

1. 生境质量与产水量之间的权衡空间特征

东营市生境质量高等级和较高等级区主要位于东部沿海区域、黄河及水库水面等区域。由于东营市降雨量等气候环境的变化，产水量的分布也变化较大，2009—2017 年产水量的高值中心由东营北部转向了中南部（城市中心周围）。从图 4 - 19 可以看出，生境质量和产水量权衡指数较大（−2.2～−1.5）的区域主要位于东营市北部、东部和湖泊水库等区域。生境质量和产水量权衡指数为−1.5～0 的区域面积大、分布广，主要分布在中西部和南部区域。总体来看，生境质量与产水量发生权衡主要表现分布在具有重要生态功能的自然保护区和农业生产区。利用 ArcGIS 对权衡指数进行重分类（Reclassify），统计 T 指数小于 0 的面积占比，根据统计结果，2009—2017 年权衡面积占比由 54.51% 下降到 53.71%。分析其空间格局，权衡较强的区域在研究期间，西北部区域和东部区域减弱了，这可能与黄河三角洲自然保护区的建立有关。

2. 生境质量与粮食供给之间的权衡空间差异

粮食生产是东营市重要的生态系统服务功能之一，多年来东营市不断加强农业生产活动。一方面东营市通过开发后备耕地资源，不断扩大可耕土地的面积；另一方面，通过高标准农田建设改善耕地质量。此外，多年来东营市一直致力于盐碱地治理，采用各种水利、农业、生物和化学措施，在一定程度上改良了土壤理化性质和生物活性（董红云等，2017）。东营市粮食供给空间分布主要呈现"南高北低"和"西高东低"的格局。广饶县不论在总能量供给还是单位面积能量供给方面都远远超过其他 4 个县区。2009—2017 年，粮食供给在西部和沿黄河流域等区域呈现快速增长

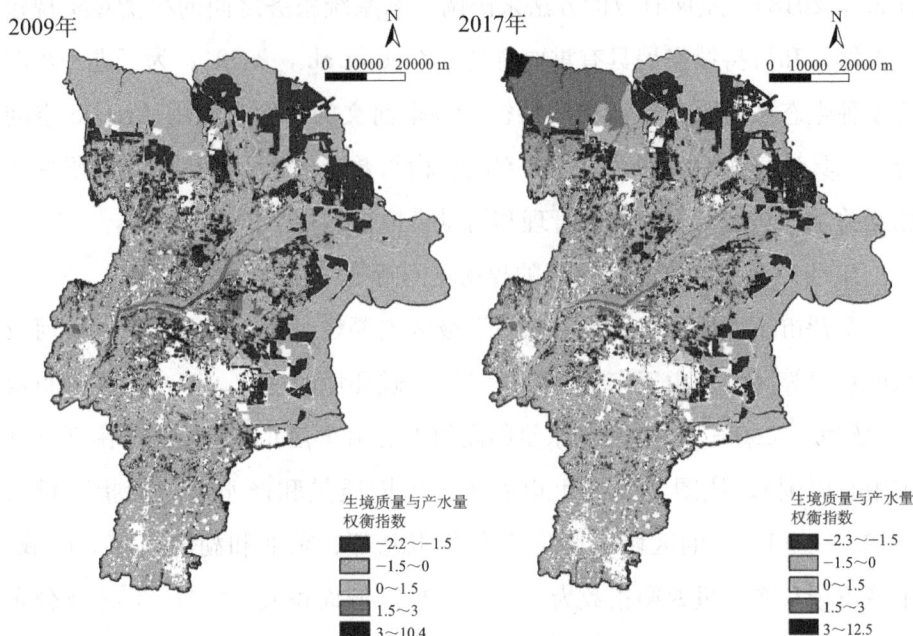

图 4 - 19　东营市 2009 年和 2017 年生境质量与产水量空间权衡

的态势。从图 4 - 20 中可以看出，生境质量和粮食供给的权衡关系具有鲜明的空间特征。2009 年，T 指数在 -1.1 和 -0.4 之间的区域主要位于东营市南部区域，面积占比为 28.74%；T 指数在 -0.4 和 0 之间的区域主要位于黄河下游及垦利区，面积占比为 10.83%。到了 2017 年，生境质量和粮食供给的权衡面积明显扩大，权衡强度也有所加强。T 指数在 -1.2 和 -0.4 之间的区域主要位于东营市南部区域、黄河沿岸和利津县西部，面积占比为 34.48%；T 指数在 -0.4 和 0 之间的区域主要位于黄河下游及垦利区，面积占比为 34.65%。2009—2017 年，生境质量与粮食供给权衡的面积增长了 29.55%。近年来，随着城镇化和工业化的推进，城市周边原生的自然生态空间被进一步挤压，导致动植物生境质量退化。尤其是东营市中部沿黄河以及利津县一些水域、湿地等自然生态空间被开发为耕地。水资源是农业发展的根本，有效的水资源才足以保证粮食的生产。但是，一方面农业开发利用容易带来土壤污染、水污染等生态环境问题，另一方面农业用水会更多地挤占生态用水。在这种情况下，为了消解甚至解决生境质量与粮食生产的权衡问题，需要考虑从系统的角度解决水资源的供给不足问题。比如，土地利用规划可以专注于提升耕地质量，避免大规模地开发农业用地，尤其是以占用水域、湿地和林地等生态用地为主的开发。此外，还可以应用节水灌溉等技术，提高水资源利用效率。

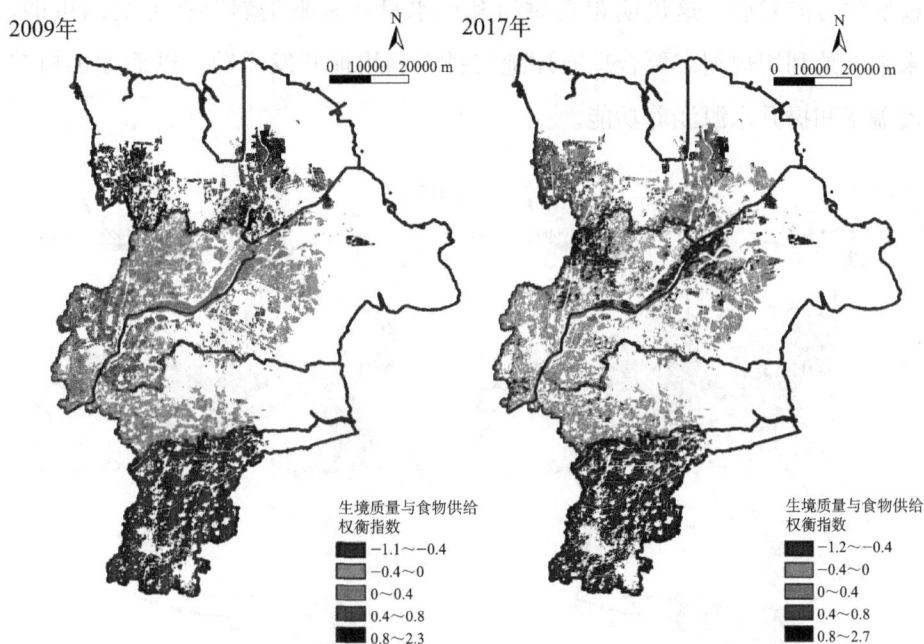

图 4 - 20　东营市 2009 年和 2017 年生境质量与粮食供给空间权衡

3. 产水量与粮食供给之间的权衡空间差异

产水量与粮食供给之间的空间权衡关系，与生境质量与食物之间的空间权衡关系类似。2009 年，产水量和粮食供给权衡区主要分布在南部广饶县，T 指数为 $-0.55 \sim 0$，面积占比为 26.66%。2017 年产水量和粮食供给权衡区的范围有所扩大，主要分布在南部和中部地区，面积占比为 30.60%；T 指数为 $-0.96 \sim 0$，权衡的强度也变大了。研究期间，东营市进行了较大规模的农业开发活动，尤其是以中部地区（利津县）耕地占补平衡项目为主。农业开发在促进粮食生产能力提高、保障国家粮食安全的同时，也导致了部分地区产水量的下降。这说明，农业生产用地与其他地类（如草地、林地和湿地）存在竞争关系。未来土地利用规划应当合理配置各类用地，科学划定具有水源涵养功能的区域作为生态红线，防止农业开发的进一步侵占，促进区域生态系统服务的优化和可持续发展。除了权衡的区域，产水量和粮食供给协同的区域随着时间变化也逐渐减弱，向着权衡的方向发展。这说明粮食供给和产水量在未来仍然存在冲突的可能，未来土地利用规划需要合理有序地安排未利用地开发活动，进而增加植被覆盖率和提升水源涵养功能。

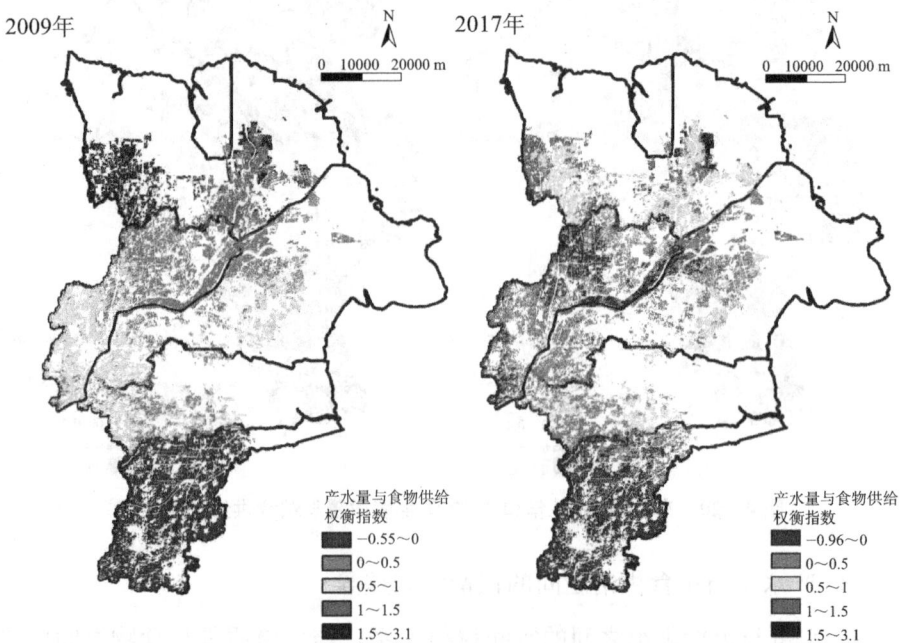

图 4-21　东营市 2009 年和 2017 年产水量与粮食供给空间权衡

4. 产水量与碳存储之间的权衡空间差异

东营市碳存储高值区主要位于黄河入海口区域，低值区主要位于城镇中心和海岸带区域。从图 4-22 中可以看出，2009 年产水量和碳存储之间权衡区主要也是位于黄河入海口区域，T 指数为 $-0.68 \sim 0$，面积占比为 3.01%。2017 年产水量与碳存储之间的权衡区占比为 3.43%，增加的区域为东营市西北部，T指数为一8.9～0。分析权衡指数发现，两者的关系以协同为主。黄河入海口是以保护新生湿地生态系统和珍稀濒危鸟类为主的国家级湿地自然保护区，其基本的生态功能主要体现在调节水分循环和维持湿地的动植物资源方面。区内植被固碳功能较弱，不是碳存储的重点区域。由于该湿地独特的水文条件，浮游生物繁盛，能够为鸟类提供优质的栖息地，因此未来土地利用规划仍有必要将此区域纳入生态红线范围进行保护。同时，在掌握湿地生态系统服务演化规律的基础上，开展盐碱地改良工程，在区域内种植适宜生长的植被。

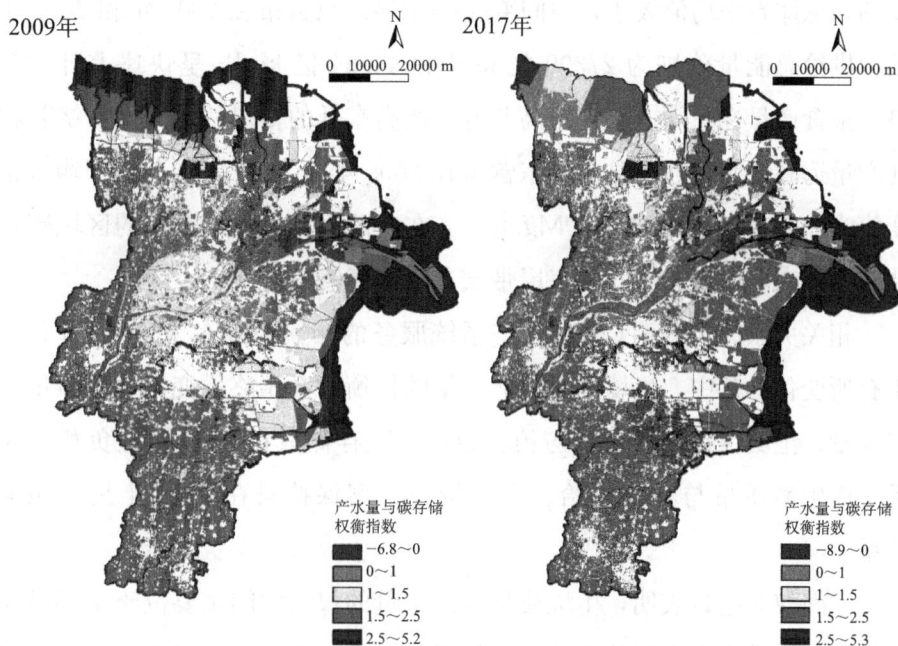

图 4-22　东营市 2009 年和 2017 年产水量和碳存储空间权衡

三、本章小结

本章以黄河三角洲核心城市东营市为研究区域，在生态系统服务物质量评估的基础上，对整体的生态系统服务时空变化进行研究。同时，对 5 对生态系统服务相关关系进行分析，并通过引入生态系统服务权衡指数，从空间上进一步明确多种生态系统服务权衡的区域和强度。

评估结果显示，东营市生境质量平均值由 2009 年的 0.4172 下降到 2017 年的 0.4100，生境质量指数变化在－0.4 和－1 之间的区域主要位于东营区东部和利津县北部地区，指数变化在 0～0.4 之间的区域主要位于东营区中心城区周边、垦利区和东营区交接的南部地区及河口区的中部和东部。东营市 2009—2017 年产水量呈快速下降的趋势，年均产水量由 512.89mm 下降到 390.23mm，产水量总体呈现南高北低和西高东低的空间形态布局。东营市 2009—2017 年土壤保持量平均值分别为 2.09 和 1.09，总体看来均值较小，空间变化不明显。东营市在 2009 年和 2017 年粮食供给总能量分别为 27309 亿 kcal 和 44394 亿 kcal，呈快速上升的趋势，粮食产量在空间上呈现南高北低、西高东低的格局，尤其是广饶县粮食产量远高于其他几个县区。东营市在 2009 年和 2017 年碳存储平均碳密度值为 $2.63Mg/hm^2$ 和 $2.60Mg/hm^2$。在空间上，黄河入海口的区域碳存储密度较高，而城市中心和海岸带碳存储密度值较低。

相关关系分析表明，5 对生态系统服务的相关关系在 2009 年和 2017 年有所变化。其中，生境质量与产水量的权衡关系始终不变，生境质量与产水量、土壤保持，产水量与粮食供给、碳存储只在 2009 年是负相关关系，而生境质量与粮食供给、产水量与土壤保持只在 2017 年是负相关关系。

空间权衡指数表明，生境质量与产水量的权衡空间主要位于东部沿海区域、黄河及水库水面等区域，权衡区域面积达 53.71％～54.51％。生境质量与粮食供给的权衡空间主要位于南部区域（广饶县），权衡区域面积达 39.57％～69.13％，2017 年在中部区域权衡区域和强度进一步加大。产水量与粮食供给的权衡空间主要位于南部（广饶县），权衡面积达 26.66％～30.60％。产水量与碳存储的权衡空间主要位于黄河入海口区域，权衡面积达 3.01％～3.43％。

第五章

东营市土地利用规划对生态系统服务的影响

基于生态系统服务价值的评估方法，能够快速地判断地区的生态系统服务价值和功能的规模、分布格局和结构情况。但是，经济价值的评估难以满足对其生态系统过程的研究，难以给空间规划决策提供更多基于生态系统功能的信息。为了更准确和深入地研究生态系统服务的空间变化特征，以便为土地规划决策提供科学依据，本章选取黄河三角洲核心城市东营市作为研究对象，通过物质量评估的方法，对东营市生态系统服务功能数量和空间特征进行全面评估，同时，对土地规划的过程和相关政策及生态系统服务的影响进行评估。

一、东营市土地利用变化特征

（一）土地利用格局及结构变化

从图 5-1 可以看出各种土地类型的分布格局，耕地主要分布在中部、南部和黄河两岸，建设用地主要分布在东营区等城市中心城区，湿地和水域主要分布在东部和北部沿海区域。研究发现，2009—2017 年，耕地是东营市的主要土地类型，占总面积的 28.50％～29.70％，耕地呈扩张的态势。其次是水域和未利用地，分别占总面积的 22.27％～22.42％和 15.25％～17.83％，主要分布在东营市的东部和北部沿海。湿地也是东营市重要的用地类型，主要分布在东部和北部，占总面积的比例由 2009 年的 14.16％ 下降到 2017 年的 14.10％。研究期间，建设用地面积从 98486.37hm² 增加到 129437.37hm²，增加了 30951hm²，占总面积的 15.70％，超过了湿地占比。这与研究期间东营市的快速城市化和工业化有关。从土地利用结构的角度看，2009 年东营市面积最大的 3 类用地类型是耕地、水域和未利用地，而 2017 年面积最大的 3 类用地类型是耕地、水域和建设用地。

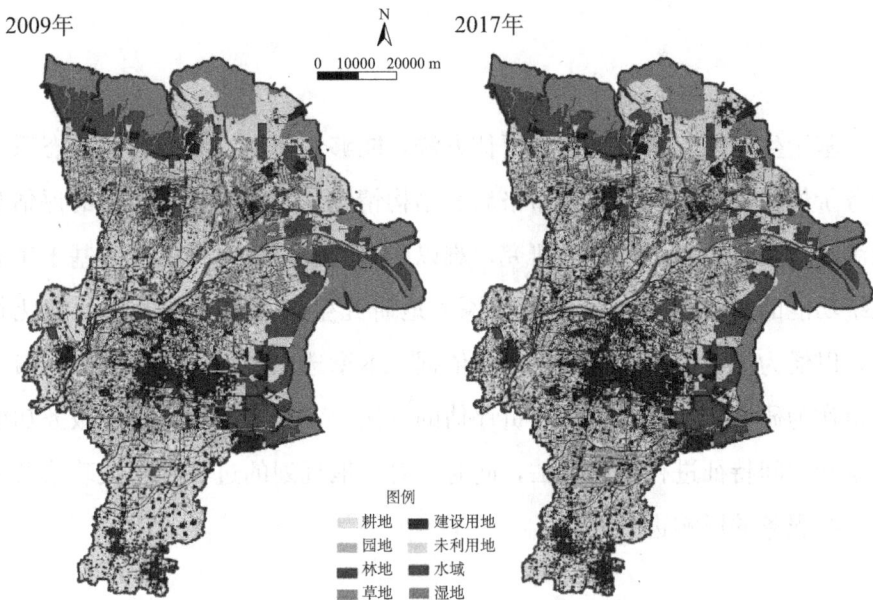

图 5-1　东营市土地利用分布

为了更加直观地表征土地变化幅度和速度，反映不同地类变化幅度的差异性，研究引入单一土地利用类型动态度，其公式如下：

$$K = \frac{U_a - U_b}{U_a} \times \frac{1}{T} \times 100\%$$　　　　式 5-1

其中 K 代表某一地类的土地利用动态度；U_a 和 U_b 分别代表某一种地类在研究区元年和末年的土地面积；T 代表研究时间段。

从土地变化绝对量来看，8 年间面积下降最大的地类是未利用地，其次是耕地，分别为 21239.91hm² 和 9850.95hm²；面积增加最大的地类是建设用地，其次是水域，分别为 30951.00hm^2 和 1279.08hm^2。从表 5-1 看出，不同土地利用类型动态度呈现出不同的特征，在研究期间，建设用地的 K 值最高，其次是未利用地和耕地，分别为 3.93%、-1.81% 和 -0.50%。这表明研究期间建设用地、未利用地和耕地变化幅度较大，说明建设用地的快速扩张，未利用地和耕地也在快速减少。

表 5-1　东营市 2009—2017 年土地利用变化和动态度

地类名称	2009—2017 年变化量（hm^2）	动态度（%）
耕地	-9850.95	-0.50
园地	-92.79	-0.26
林地	-451.35	-0.24
草地	-136.62	-0.29
建设用地	30951.00	3.93
水域	1279.08	0.09
湿地	-459.27	-0.05
未利用地	-21239.91	-1.81

（二）土地利用转移空间格局

不同土地利用类型的转化模式各不相同，每一种土地类型在研究期间都表现出明显的转化方向性。土地利用转移矩阵可以刻画区域土地利用结构变化特征和转移方向（见表 5-2）。通过对方向性和转变速率的比较，有利于进一步分析土地利用如何驱动生态系统服务变化，从而为后续研究奠定基础。

2009—2017 年，东营市土地利用类型转出面积最大的是耕地（30078.45hm^2），其次是未利用地（29492.82hm^2）和水域（17646.93hm^2）。土地利用转入面积最大的是建设用地（34217.19hm^2），其次是耕地（20226.78hm^2）、水域（18929.16hm^2）和未利用地（8252.19hm^2）。从转出和转入的角度看，耕地和水域面积都比较大，说明耕地和水域的变化最为剧烈和复杂。在所有用地转移类型中，转移面积最大的前 6 组，分别是

表 5 - 2 东营市 2009—2017 年土地利用转移矩阵表

单位：hm²

2009 年 \ 2017 年	耕地	园地	林地	草地	建设用地	水域	湿地	未利用地	合计	转出
耕地	214803.90	618.93	973.62	5.22	11741.67	13395.69	1.35	3341.97	244882.35	30078.45
园地	272.79	3684.24	67.86	0.00	362.52	99.90	1.26	30.15	4518.72	834.48
林地	208.53	10.35	21254.94	0.18	1153.71	348.57	4.32	497.97	23478.57	2223.63
草地	116.19	0.00	1.80	5602.50	42.66	111.51	0.18	5.31	5880.15	277.65
建设用地	1054.98	34.29	141.93	0.63	95219.28	855.27	64.08	1115.91	98486.37	3267.09
水域	7747.65	67.50	359.91	122.22	6003.99	165961.62	93.06	3252.60	183608.55	17646.93
湿地	4.41	0.00	1.17	0.00	500.49	115.11	116137.17	8.28	116766.63	629.46
未利用地	10822.23	10.62	225.99	12.78	14412.15	4003.11	5.94	117525.96	147018.78	29492.82
合计	235030.68	4425.93	23027.22	5743.53	129436.47	184890.78	116307.36	125778.15	824640.12	—
转入	20226.78	741.69	1772.28	141.03	34217.19	18929.16	170.19	8252.19	—	—

未利用地转为建设用地（14412.15hm²）、耕地转为水域（13395.69hm²）、耕地转为建设用地（11741.67hm²）、未利用地转为耕地（10822.23hm²）、水域转为耕地（7747.65hm²）和水域转为建设用地（6003.99hm²），其他用地转移面积都小于等于4003.11hm²。

为了更好地理解土地利用转移的空间位置，为后续进一步研究和分析生态系统变化的过程作准备，将以上6组用地转移类型空间化。从图5-2看，未利用地转化为建设用地主要分布在东营区周边、河口区、垦利区的沿海地区，其中东营区周边主要是以城镇化建设为主，而垦利区东北方向沿海区域主要以采矿占用为主。耕地转为水域主要分布在广饶县、利津县和东营区，具体来看，这些水域用地大多并非河流湖泊等，而是以沟渠为主，因此，这些水域都紧邻耕地分布。耕地转化为建设用地主要位于广饶县南部、东营区、垦利区和利津县周边，主要是城市扩张、村庄建设和公路等基础设施建设。未利用地转为耕地主要分布在河口区西

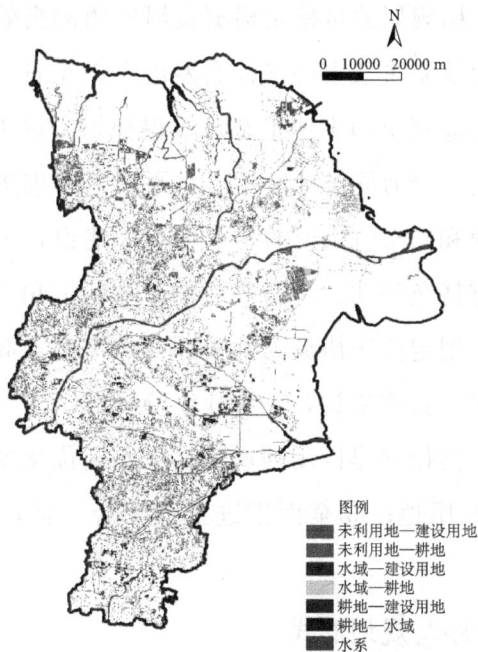

图5-2 东营市2009—2017年土地利用转移空间分布

部、垦利区中部,从位置上看,紧邻河流水系。水域转为耕地大部分分布于河口区、垦利区,东营区和利津县也有少量分布。水域转为建设用地主要分布于东营区的东部、垦利区的中部和河口区的西北和东部,水域转为建设用地的以坑塘水面和沟渠为主。总的来说,随着建设用地的扩张,其他地类也在发生剧烈变化,尤其是耕地和未利用地。土地利用变化受自然环境和人类活动影响巨大,但是在城市化的推动下,这些变化仍将持续地影响地区生态环境。土地规划或空间规划虽然通过划定生态保护红线等方式遏制或者缓解了这种负面影响,但是空间规划也是土地剧烈变化的原因之一,如耕地占补平衡政策可能导致水域向建设用地转移。

二、东营市土地利用规划编制与生态系统服务

(一) 规划目标与定位

东营市土地利用规划的目标是根据黄河三角洲高效生态经济区建设的总体要求,全面落实东营市经济社会发展和山东省规划对土地利用提出的目标任务,耕地资源和土地生态环境得到切实保护,土地节约集约利用水平和效益达到沿海同类地区发展水平;着力推进东营市作为"我国重要的石油基地和山东省主要的工业城市"建设,为东营市全面实现现代化和发展具有特色鲜明、运行高效的"黄河三角洲中心城市"提供土地资源保障。规划定位于协调人地关系,城市要素高效配置及保障经济发展和耕地保护。具体来说,分为 6 个分目标:①严格保护耕地特别是基本农田;②严格控制建设用地增量;③不断优化城乡用地结构;④优先保障基础设施用地;⑤全面推进土地综合整治;⑥加强土地生态保护。

(二) 规划次序与规划形式

和大多数土地利用总体规划相似,东营市土地规划也是以永久基本农

田保护为基础，以城市人口增长、产业发展和区域发展确定城市发展边界，根据省级规划指标控制，确定城市建设用地总规模和新增规模，形成开发、利用和保护的格局。总的来说，规划的形式主要是基于城市扩张和城市规划需求指标定规模，城市规划和产业发展定布局的形式。虽然其中也涉及关于生态保护的描述，但是是以城市扩张为前提的。

（三）规划空间要素与空间管制

东营市主要通过土地利用功能分区、建设用地管制分区和生态用地保护重点区域分区来实现对地区的空间要素管理。

土地利用功能分区中有自然与文化遗产保护区和生态环境安全控制区两大分区。自然与文化遗产保护区主要是对黄河口生态旅游区、河海风情旅游区、天鹅湖旅游区、孙子文化旅游区及黄河生态旅游观光带、桑田海岸旅游带、黄河故道旅游带等旅游资源的生态管理。其管制的规则主要包括严禁区内土地进行破坏景观、污染环境的开发建设活动。

生态环境安全控制区涉及的空间要素主要包括地质公园、森林公园、湿地公园、风景名胜、文物保护及地下的矿产资源和水资源。其管制的规则主要是鼓励在水源地保护区植树种草、净化环境、涵养水源。禁止开采在自然保护和地质地貌景观保护区地下的矿产资源，限制开采对地下水资源和生态有长远发展影响的矿产资源。

而建设用地管制区中的禁止建设区，主要是黄河入海口的两侧及水源保护区。严格禁止与主导功能不符合的建设项目。

此外，规划还设定了北部滨海湿地区和东部滨海湿地区两大生态用地保护区。生态用地保护区设置的目的是进一步保护湿地生物多样性，维护湿地生态系统结构和功能的完整性，最大限度地减少人为活动对鸟类和湿地生态环境的干扰和破坏。黄河口及湿地生态保育空间管制要素主要为黄河口湿地生态系统和珍稀濒危鸟类、滩涂湿地、黄河水循环系统和水源涵养区。管制规则是将自然保护区分为核心区、缓冲区和实验区，核心区严格禁止，缓冲区严格限制，实验区可以适当从事科研和文化旅游活动。此外，实施生态保育工程，维护生态系统稳定性和连通性。工程包括：①湿地修复工程，提升湿地质量和湿地生产力，保护生物多样性；②核心区、缓冲区围栏工程，对核心区和缓冲区实行封闭管理；③湿地监测工程，对湿地地表水、地下水、土壤、关键物种、河流和浅海进行监测，实时提供科学管理依据；④林地资源保护工程，对保护区天然柳林、天然怪柳林实施封育保护，有计划地更新改造林草资源；⑤鸟类栖息地保护工程，改善鸟类栖息环境，加强鸟类繁殖地、栖息地和补食区建设，稳定扩大鸟类种群数量；⑥黄河口流路稳定工程，通过优化配置水资源和清理沟渠等措施，保障利津断面最小生态流量，维护自然保护区淡水湿地及河口鱼类洄游生态用水。

（四）土地规划中关于生态系统服务相关的表述

土地规划被广泛用于指导城市发展，进而影响城市生态系统服务的规模、结构、多样性和空间分布（Lam & Conway，2018）。然而，很少有研究评估生态系统服务是否已经列入土地规划。土地利用总体规划在中国是以政策为导向的体系，用以指导土地利用和土地管理，具有空间规划的特征。为了评估和确定生态系统服务在多大程度上纳入了土地规划中，研究对东营市土地利用总体规划（以下简称东营土地规划）进行了文本审查。概念被提及的次数是概念被采用程度的一种反映（Bauler & Pipart，2013；Mascarenhas et al.，2014）。参考 Lam & Conway（2018）所使用的内容分析方法，探讨了 7 个与生态系统服务有关的术语（见表 5 - 3）。

表 5 - 3　《东营市土地利用总体规划》涉及生态系统服务的相关概念

文本描述	涉及的生态系统服务	所在章节	出现次数	文本内容
生态	供给、调节、支持和文化服务	全书（包括前言）	171	—

（续表）

文本描述	涉及的生态系统服务	所在章节	出现次数	文本内容
生态系统	水源供给、水质净化、文化景观、生物多样性	第一、四、七章	9	进一步保护湿地生物多样性，维护湿地生态系统结构和功能的完整性和原始性。本区是以保护新生湿地生态系统、珍稀濒危鸟类为主体的自然保护区，在土地利用上属于禁止建设开发区域，可在保护区实验区或外围保护地带范围内适度发展生态旅游业。
生态功能	水源供给、粮食供给、土壤保持	第三章	2	依托广利河的生态功能、经济功能和文化功能。充分发挥农用地生产功能、生态功能、景观功能和隔离功能，拓展城乡生产和绿色空间。
生态保育	水源供给、水质净化、生物多样性	第七章	12	滩涂湿地生态保育。土地利用方向以生态保育为主线，以海水养殖和盐业开发为重点，积极建设海堤工程及海防林带。黄河水域湿地生态保育以中心城区主干水系为框架。
生态屏障	粮食供给、文化旅游、气候调节	第三章	2	基于东营市特殊的生态环境现状和营林条件，权衡考虑农业、林业、水土保持、自然保护及社会经济发展需求，设定国土生态屏障网络用地，采用水网、路网和林网"三网"合一综合开发模式。
自然保护区	水源供给、水质净化、生物多样性、文化旅游	第一、二、三、四、七、八、十章	26	进一步加强黄河三角洲自然保护区土地保护和利用管理，努力推进农田林网、水网绿化工程、湿地生态恢复工程和生态防护工程建设，加强湿地和生物多样性保护。以自然保护区实验区为主体，利用河海交汇原始生态建设生态旅游区。

（续表）

文本描述	涉及的生态系统服务	所在章节	出现次数	文本内容
景观	文化旅游	第一、三、四、五、七、八章	19	加快以河流、道路为轴线的生态廊道网络建设，提升河流、道路沿线的景观美学价值，形成具有较高视觉质量和较高可视度区域的景观风貌。保护农村人文景观和生态环境。

注：该土地规划文本是《东营市土地利用总体规划（2006—2020年）》2012年修订版。第一章规划背景、第二章战略与目标、第三章结构调整与布局优化、第四章区域土地利用调控、第五章农用地保护、第七章协调土地利用与生态环境保护、第八章中心城区用地增长管理、第十章县（区）土地利用调控。

根据对内容的审查发现，东营土地规划文本中多次使用了"生态"一词（171次），体现了土地规划对生态保护的重视。但是，这里的生态概念相对较为模糊，虽然可能包含了供给、调节、支持和文化服务，但是并没有明确具体的生态系统服务。"自然保护区"一词被提及26次，分布在6章中。从文本表述来看，涉及最多的是湿地生态系统，对应的生态系统服务应该是生物多样性、水质净化和水源供给服务。"景观"一词则被提及19次，从文本表述看，涉及生态系统服务的是生态廊道的景观美学价值，属于文化旅游类生态服务。"生态系统"和"生态保育"两词，提及的次数分别为9次和12次，这里涉及的生态类型主要是湿地生态系统，虽然用词不同，但是针对的仍然是湿地生态系统的保护和修复。此外，"生态功能"和"生态屏障"仅被提及2次，文本表述内容显示，规划似乎认识到生态功能的重要性，但是并没有明确是什么类型的生态功能和服务。在"生态屏障"的表述中，提到"权衡考虑农业、林业、水土保持、自然保护及社会经济发展需求，设定国土生态屏障网络用地"，这说明规划认识到土地利用可能导致生态功能和服务在不同的土地利用之间产生了权衡和冲突。

生态系统服务变化的主要驱动力是气候变化和土地利用。可持续的土地利用规划的目标，是对生态系统服务供给状况进行调控（李双成等，

2018；王静等，2019；管青春，2020）。因此，从土地利用规划文本来审查生态系统服务的表述，有助于理解"政策-土地利用-生态系统服务"的关联（李双成等，2018）。总的来说，规划文本对生态系统服务的表述缺乏规范性和统一性，说明规划对生态系统功能认识不够。未能明确说明具体的生态系统服务和功能，进而导致对此类生态功能和服务的保护缺乏明确性。而更明确地提及这些类型的生态服务有助于加强对重要生态用地的保护、恢复和改善（Bauler & Pipart，2013；Lam & Conway，2018）。

三、东营市土地利用规划实施对生态系统服务的影响

土地利用规划实施包含指标管控、年度计划、用地预审、农用地转用审批、土地综合整治等法律和行政手段。其中，城市新增建设用地和土地综合整治是重要的空间管控手段，也是土地利用变化的重要驱动力。同时，土地利用结构和空间变化深刻影响着生境质量、粮食生产和碳存储等生态系统服务功能和生态循环过程（He et al.，2017；Yang et al.，2018a；Schulp et al.，2019）。为了评估土地利用规划实施对生态系统服务的影响，本文选择建设用地和土地整治两大规划实施办法进行评估。

（一）基于新增建设用地的视角

中国的经济快速发展伴随着大规模的城市扩张。快速的城市扩张在空间上表现为城市"摊大饼"式发展和新增建设用地对耕地、林地、湿地等生态资源的侵占和破坏，城市的生态功能减弱和恶化（Chang et al.，2011；李嘉译等，2020）。本节选取东营市 2011—2017 年新增建设用地（已批建设用地项目）作为案例，结合第四章第一部分评估的生态系统服务质量对动态变化进行分析。文章利用 ArcGIS 空间分析和空间统计功能，对比分析了 2009 年和 2017 年的多种生态系统服务，包括生境质量、产水量、土壤保持、粮食供给和碳存储 5 项生态系统功能。由于新增建设用地区域较为分散，特选取了东营市新增建设用地较为集中的区域进行空间对比分析。

从表5-4中可以看出，在新增建设用地区域5种生态系统服务功能都呈下降的趋势，其中生境质量的下降比例最大，达到50.02%。粮食供给由2009年的451300亿kcal下降到2017年的263729亿kcal，下降幅度达到41.56%。碳存储、产水量和土壤保持下降幅度相对较小，分别为27.42%、11.69%和10.47%。从这组数据中可以得出一个结论，新增建设用地对生态系统服务功能的影响是显著的、负面的。新增建设用地以占用耕地、水域、湿地等土地类型为主，但是其对生境质量的影响比对粮食生产的影响还要巨大，这可能是由于城市扩张不仅破坏了动植物生存的环境，而且阻断了生物物质、信息和能量流动。

表5-4　东营市新增建设用地区域多种生态系统服务变化

年份	生境质量	产水量（mm）	粮食供给（亿 kcal）	土壤保持	碳存储（Mg/hm²）
2009	0.3181	534	451300	14.3000	2.3550
2017	0.1590	471	263729	12.8022	1.7092
变化量	−0.1591	−62	−187571	−1.4978	−0.6458
下降比例（%）	−50.02	−11.69	−41.56	−10.47	−27.42

从图5-3中可以看出，红色方框内生境质量都发生了较为明显的退化。方框a中有部分生境质量在0.3～0.5的区域转变为0～0.1，方框b生境质量在2017年则大部分转变为0～0.1。在b区域生境质量退化的区域更大，退化强度更大，这说明城市新增建设用地在东营市南部地区对生境质量的影响更大。东营市南部地区拥有大量的优质耕地及未利用地，具有较高的生物多样性特征。而中部地区，虽然城市建设也新增占用了较多的耕地，但是由于该区域土壤含盐量较高、生境质量的水平较低，所以变化区域相对较小。这给了我们一些启示：城市扩张需要新增建设用地时，为了尽可能不影响或者少影响生境质量，需要在生境质量评估的基础上，避让优质耕地和生境质量较高的未利用地。此外，新增建设用地要防止将自然栖息地破碎化，在项目建设前期和后期要留有动植物生存的空间和迁

徙的通道。

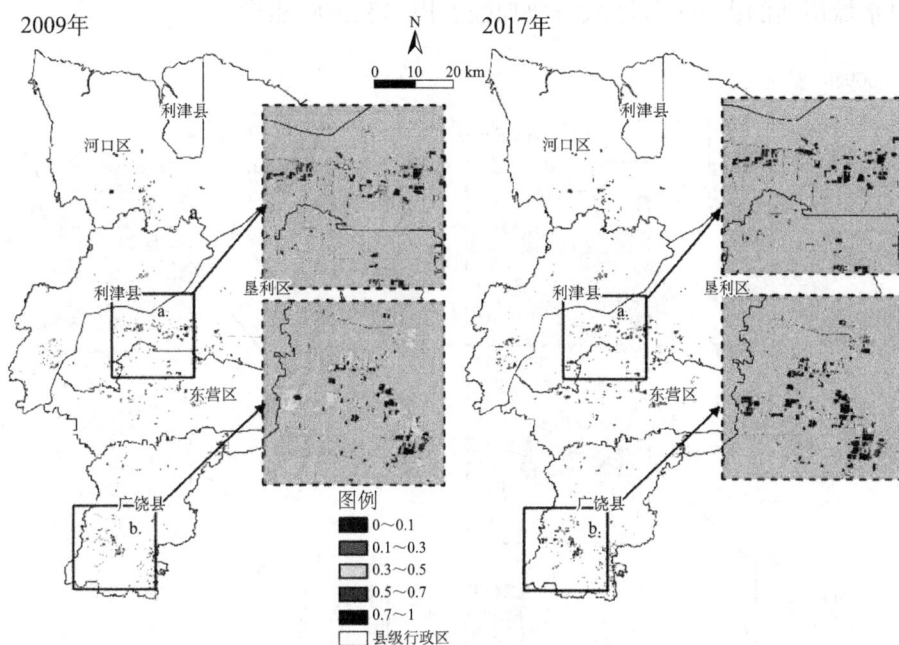

图 5 - 3　东营市新增建设用地区域生境质量变化

从图 5 - 4 中可以看出，红色方框区域内的产水量都呈下降的趋势。其中方框 a 产水量的变化幅度相对较小，主要从区间 450mm～500mm 和 500mm～550mm 下降到区间 400mm～450mm。而方框 b 产水量变化幅度较大，主要从区间＞550mm 直接下降到区间 400mm～500mm。b 区域的变化幅度相对较大的主要原因是在 2009—2017 年，降雨量空间格局发生了较大的变化。而 b 区域是东营市粮食生产最重要的区域，产水量的降低将会严重影响农业生产。水源供给的不稳定，会给农业生产带来极大的风险和不稳定因素。也就是说，在 b 区域粮食供给和产水量的权衡强度和区域在变大，未来这个区域需要谨慎开垦耕地，加强高标准农田建设，提供更好的水利设施。而从图 5 - 4 可以看出，a 区域的新增建设用地占用了一些水域用地，这不仅给产水量本来就较小的区域带来了更大的水资源利用风险，而且可能会导致下游水资源的突然减少。从中可以看出，新增建设用地导致的产水量发生变化的结果是不同的，a 区域需要减少新增建设用地对水域用地的占用；b 区域需要加强农田水利设施建设。

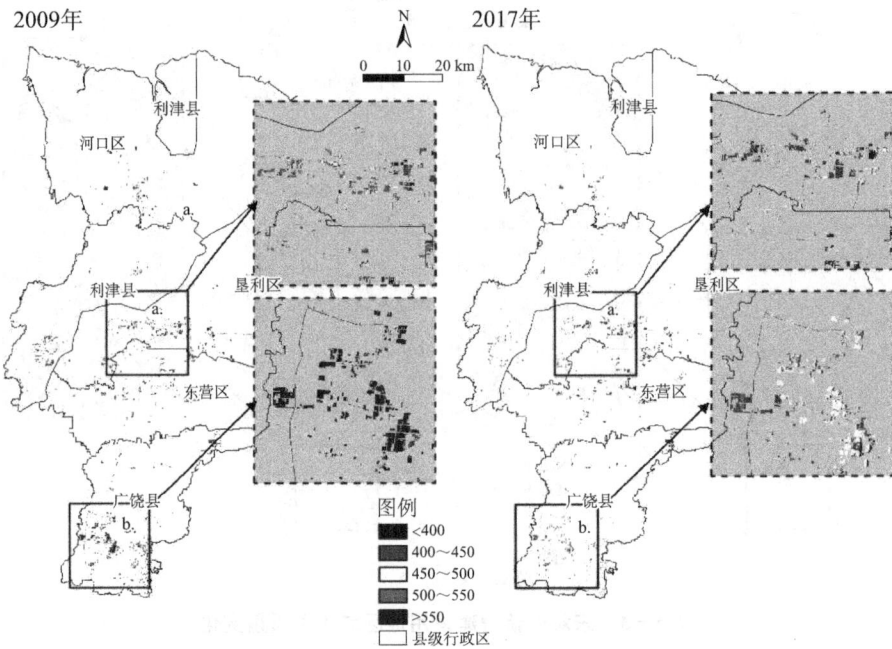

图 5 - 4　东营市新增建设用地区域产水量变化

　　从图 5 - 5 中可以看出，红色方框内的土壤保持量变化不大，可能与东营市境内地势平坦有关，虽然土地利用类型发生了变化，但是未能对土壤保持功能产生较大影响。东营市地处黄河三角洲冲积平原，坡度低，土壤保持量与植被覆盖有关。与黄土高原的坡耕地容易发生土壤侵蚀不同的是，东营市发生土壤侵蚀的情况较少。由于河水冲刷的原因，黄河两岸有少量土壤侵蚀的现象，但是不属于新增建设用地的影响。

　　从图 5 - 6 中可以看出，红色方框 a 粮食供给未发生较大的变化，可能是由于该区域处于中心城区周边，土地利用不是以粮食种植为主。而方框 b 粮食供给则呈显著下降的趋势，由于该区域地处粮食生产重要区域，耕地较多，新增建设用地占用耕地容易造成粮食供给能力减弱。从 2009—2017 年土地利用转移空间可以看出，a 区域以水域用地转为建设用地

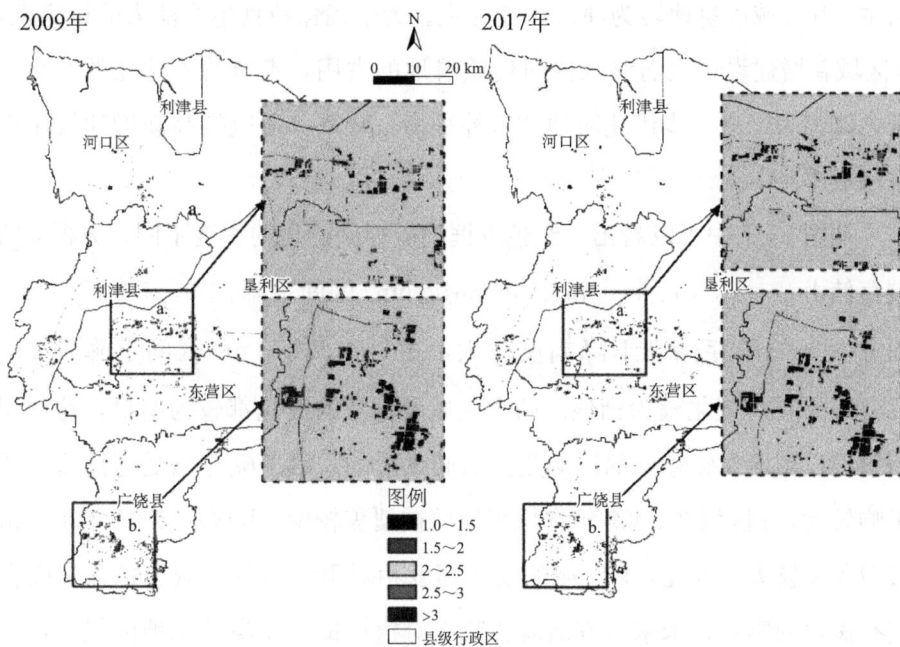

图 5-5　东营市新增建设用地区域土壤保持变化

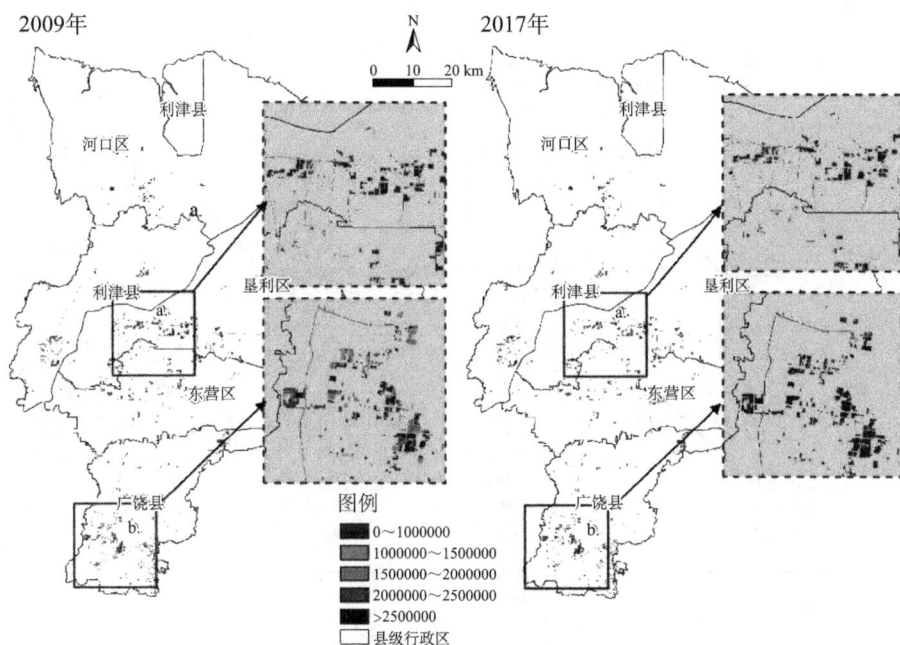

图 5-6　东营市新增建设用地区域粮食供给变化

为主，b 区域以耕地转为建设用地为主。为了确保粮食生产能力的稳定性，b 区域新增建设用地需要减少对优质耕地的占用，走节约集约化的城市开发之路。为了进一步优化耕地"占补平衡"政策，还应提高新增建设用地占用成本。

从图 5-7 中可以看出，红色方框内碳存储变化的程度不同，方框 a 的碳存储由 2～2.5Mg/hm² 和 2.5～3Mg/hm² 区间下降到 1～1.5Mg/hm²，而方框 b 的碳存储则下降幅度较大，由＞2.5Mg/hm² 区间下降到 1～1.5Mg/hm²，变化较为剧烈。两个区域碳存储的退化都较为明显，这说明新增建设用地对碳存储的影响是全面而重大的。由于碳存储受植被覆盖的影响较大，a 区域在 2009 年水域用地植被覆盖较少，b 区域 2009 年耕地植被覆盖率较大，因此，b 区域的变化幅度相对更大一些。城市扩张对碳存储有深远的影响，未来一方面需要减少对植被覆盖度高的土地的侵占，另一方面可以通过增加绿地覆盖率，增加林地的种植来提高碳存储的能力。

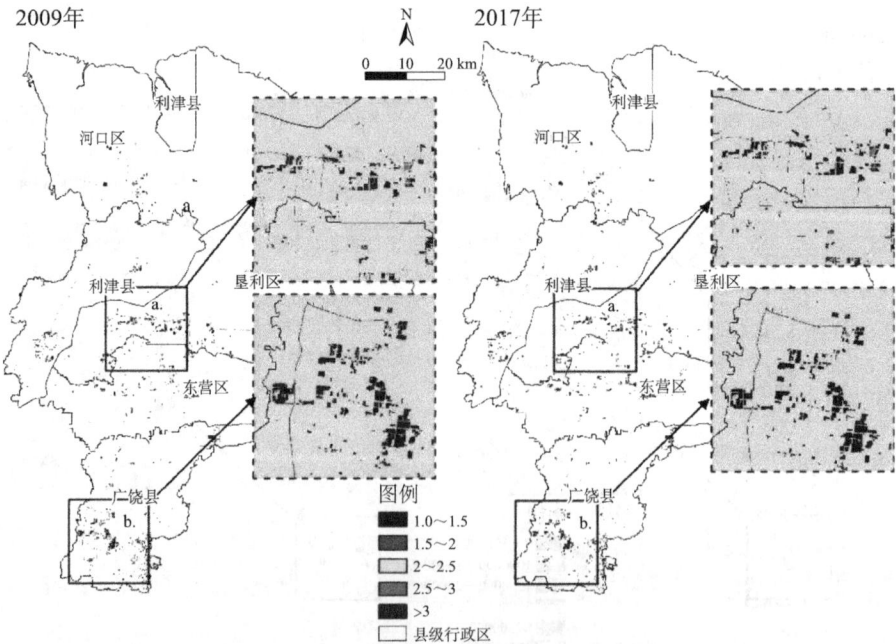

图 5-7　东营市新增建设用地区域碳存储变化

（二）基于土地综合整治的视角

土地综合整治的范畴较广，包括城乡建设用地增减挂钩、工矿废弃地复垦利用、低丘缓坡土地综合开发、耕地占补平衡和高标准农田建设等。土地整治本质上是对土地利用进行优化，改善人与土地之间的关系，涉及粮食生产、生态环境修复、人居环境改善等诸多问题的制度安排（Zhang et al.，2014；王军和钟莉娜，2016）。土地整治在改变土地利用的过程中，塑造了新的生态景观，重构了生态廊道和基质，引起了生态系统服务价值和功能的变化。为了评估土地整治对生态系统服务的影响，本文从整体影响和分项影响两个层面进行评估，并选取了土地整治中较为典型的高标准农田建设项目和耕地占补平衡项目进行评价。

1. 土地整治的整体影响

本文在第四章第一部分生态系统服务评估的基础上，提取了东营市2009—2017 年土地综合整治项目矢量文件，利用 ArcGIS 空间统计和空间分析的功能，并将 2009 年和 2017 年土地整治前后的生态系统服务的空间分布进行制图。

从表 5-5 中可以看出，生境质量、粮食供给和碳存储三项生态系统服务功能得到了有效提升，其中粮食供给提升效果十分明显。数据显示，2017 年土地整治区粮食供给达到 551888 亿 kcal，比 2009 年粮食供给提升了 85.2％。这说明土地整治在新增耕地面积和提升耕地质量方面起到了十分重要的作用。而生境质量和碳存储也有相应的提升，增加比例分别达到4.29％和 2.52％。东营市土地整治区总体生境质量相对较差，主要在于盐碱地分布较广，盐碱地土壤含盐量过高会影响植物正常生长，所以生境质量较低。但是，产水量和土壤保持两项生态系统服务功能则呈现下降的趋势，下降比例分别为 21.91％和 11.71％。产水量下降的主要原因是气候因素，从第四章第一部分第二点可以看出，产水量在整个区域都呈下降趋势，2017 年潜在蒸散量快速上升，而土壤保持量下降，可能与土地利用方式转变有关。

表 5 - 5 土地整治区域生态系统服务变化

年份	生境质量	产水量 (mm)	粮食供给 (亿 kcal)	土壤保持	碳存储 (Mg/hm²)
2009	0.3865	522	647762	8.4780	3.0436
2017	0.4031	408	1199650	7.4855	3.1202
变化量	0.0166	−114	551888	−0.9925	0.0766
变化比例（%）	4.29	−21.91	85.20	−11.71	2.52

从图 5-8 中可以看出，土地整治区生境质量变化呈现空间异质性。研究区的西北部地区（河口区）生境质量呈上升趋势，而东部地区（垦利区）则既有上升也有下降。在中部和南部区域（东营区和广饶县），生境质量变化不大。这与土地整治的初始地类和初始的生态环境有关系，西北部地区未利用地含盐量较高，生境质量较低。而东部地区（垦利区）水域和湿地分布较广，土地整治主要表现为水域或湿地转化为耕地。

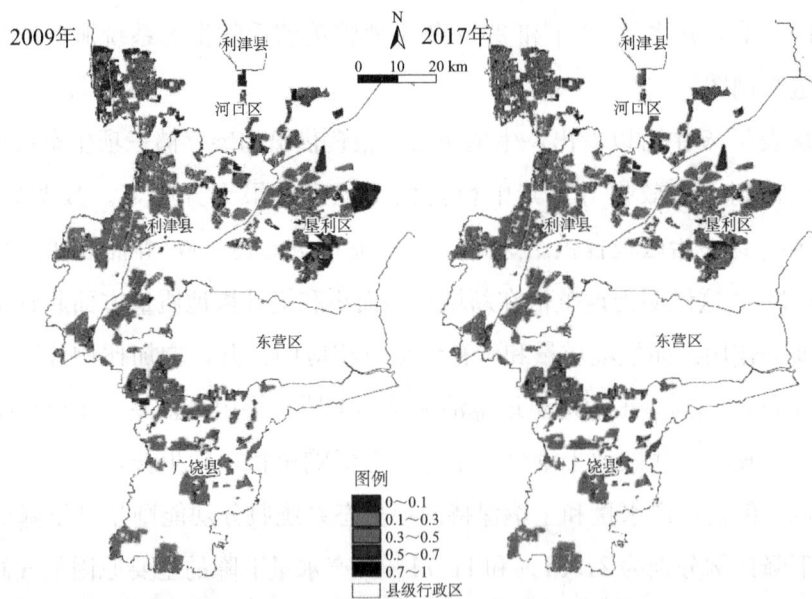

图 5-8 东营市土地整治区域生境质量变化

从图 5-9 中可以看出，几乎所有土地整治区产水量都呈下降的趋势，其中河口区西部，利津县中部和广饶县南部产水量下降幅度最大。虽然产水量主要是由降雨量、潜在蒸散量和温度等气候因素决定的，但是土地利用方式的改变也会通过影响下垫面影响水源供给和涵养（潘韬等，2013）。

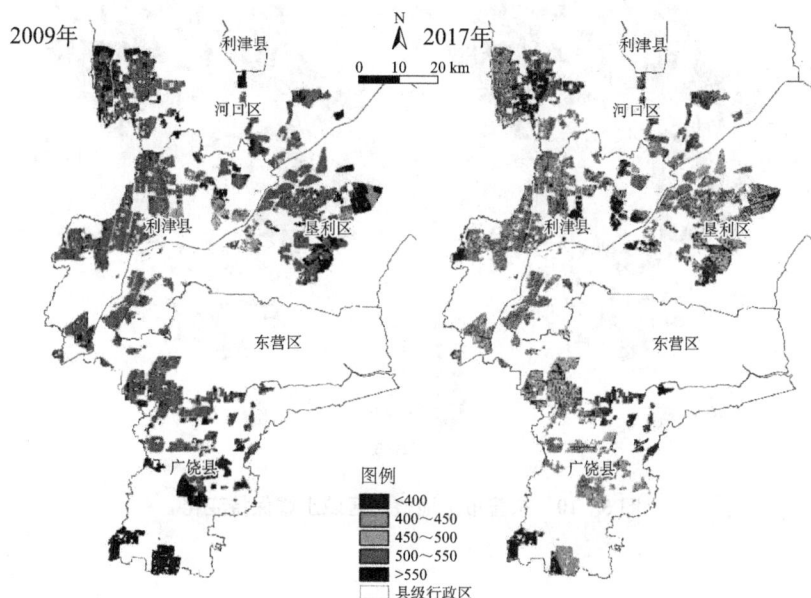

图 5 - 9　东营市土地整治区域产水量变化

从图 5 - 10 中可以看出，土地整治区域土壤保持较为稳定，未发生较大的变化，基本维持在 0～30 之间。

从图 5 - 11 中可以看出，土地整治区域粮食供给空间变化较大。在研究区南部（广饶县）粮食供给的变化格局不大，都处于高水平供给状态。而在西北部区域则由 0～400000 亿 kcal 上升到 400000 亿 kcal～1200000 亿 kcal。中西部地区粮食供给水平也上升了 2～3 个等级，提升水平明显。东部地区（垦利区）粮食供给水平也达到了 1200000 亿 kcal～1800000 亿 kcal。总体来说，大部分地区的粮食生产能力都得到了提升。尤其是西北部地区由于土壤含盐量较高，通过盐碱地治理等措施，耕地治理得到快速提升。南部地区由于原来的土壤、水源和气候条件相对较高，因此，虽然提升幅度不明显，但仍然保持在一个高水平状态。

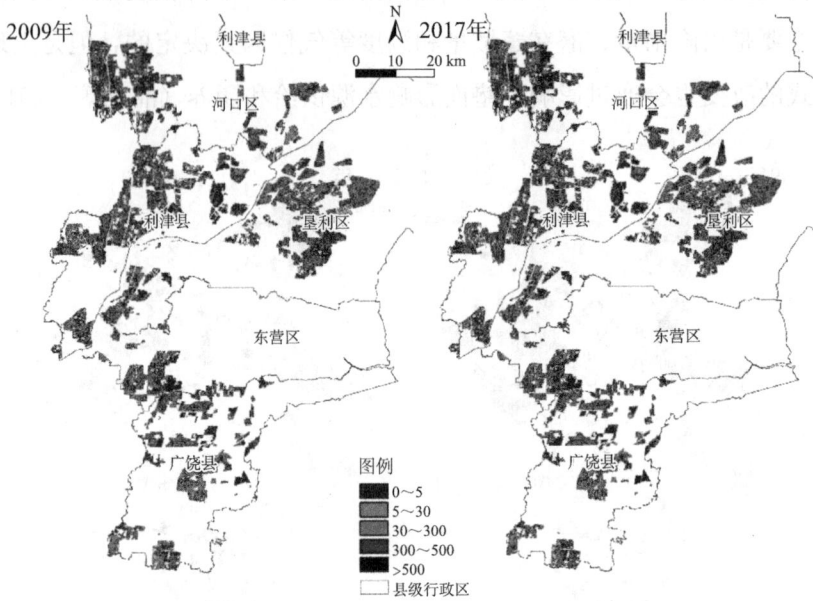

图 5 - 10　东营市土地整治区域土壤保持变化

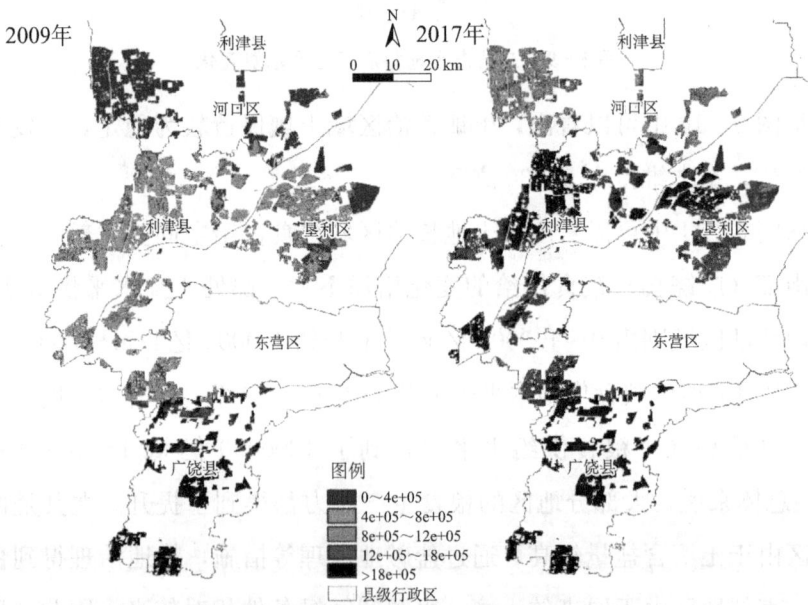

图 5 - 11　东营市土地整治区域粮食供给变化

从图5-12中可以看出，土地整治区碳存储变化量大部分地区都处于不变或者上升的状态。其中，研究区西北部（河口区）和东部地区（垦利区）这两个区域有较为明显的上升状态。这与土地利用方式的转变有直接关系，原先的未利用地、湿地甚至水域等地类固碳效应有限，而适宜种植的耕地则具有很强的固碳能力。当然，部分由林地转为耕地的区域，则会导致碳存储能力的下降。

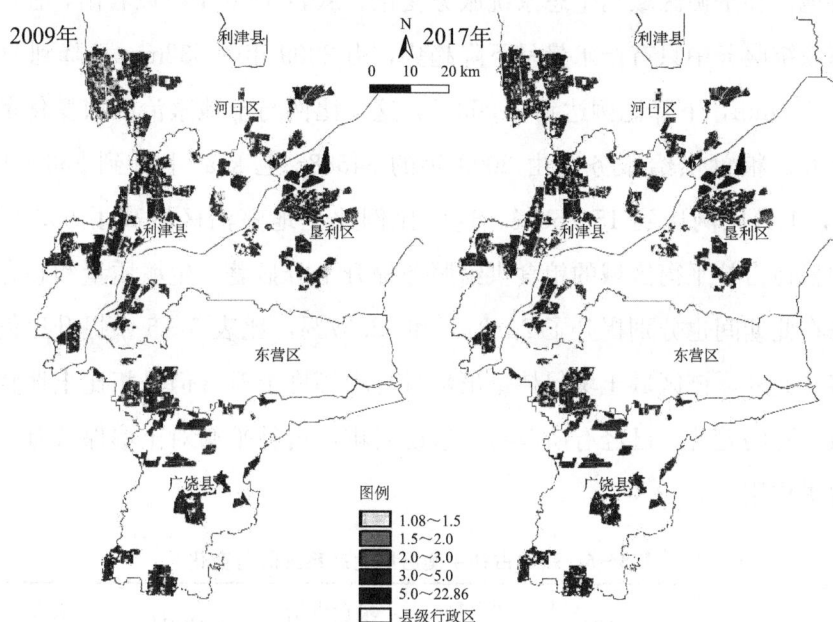

图5-12　东营市土地整治区域碳存储变化

2. 土地整治影响的分项考察

（1）耕地占补平衡建设项目。

我国耕地占补平衡政策实施了20余年，政策目标和实施策略经历了"数量平衡"到"数量质量双平衡"再到"数量质量生态平衡"多目标发展的过程（孙蕊等，2014；吴宇哲和许智钇，2019）。相关学者的研究表明，耕地占补平衡虽然在数量上达到了补充耕地的目的，但是由于耕地后备资源日趋减少，许多生态边际用地被开发为耕地，进而导致了水土流失、生物多样性减少和生态功能退化等问题（Wu et al.，2017b；吴宇哲和许智钇，2019；Li & Chen，2020）。耕地占补平衡政策，是特殊的土地整治项目，是为了平衡新增建设用地占用耕地而对农用地及未利用地开发的土地规划实施政策。

在第四章第一部分生态系统服务评估的基础上，文章梳理了2009—2017年耕地占补平衡项目矢量数据。利用 ArcGIS 空间分析功能，统计分析耕地占补平衡区域内生态系统服务变化。从表5-6中可以看出，在5种生态系统服务中只有产水量呈下降趋势，由2009年的532mm下降到2017年的417mm，下降比例达到21.63%，这一比例与土地整治区域变化量相差无几。粮食供给服务则由2009年的345885亿 kcal 上升到866709亿kcal，上升比例达到150.58%，这一比例比土地整治区域高了65.38%。说明耕地占补平衡区域的粮食供给服务提升十分显著。生境质量和碳存储服务在此期间也分别提升了20.04%和22.57%，比表5-5中提升比例高很多。此外，该区域土壤保持量虽然只有小幅度上升，但是相比土地整治区域下降的趋势，已经有所改善，这说明耕地占补平衡对土壤保持有一定的促进作用。

表5-6 耕地占补平衡区域生态系统服务变化

年份	生境质量	产水量 （mm）	粮食供给 （亿 kcal）	土壤保持	碳存储 （Mg/hm²）
2009	0.3354	532	345885	9.9543	2.3298
2017	0.4026	417	866709	10.0363	2.8557
变化量	0.0672	—115	520824	0.082	0.5259
变化比例（%）	20.04	—21.63	150.58	0.82	22.57

耕地占补平衡区域的生态系统服务变化也有较强的空间异质性。从图5-13至5-17中可以看出，该区域生境质量、产水量、粮食供给和碳存储在空间上发生了很大的变化，部分区域较为稳定，部分区域快速上升，部分区域轻微下降。与土地整治区域一样，耕地占补平衡区域土壤保持服

务在空间格局上变化不大。

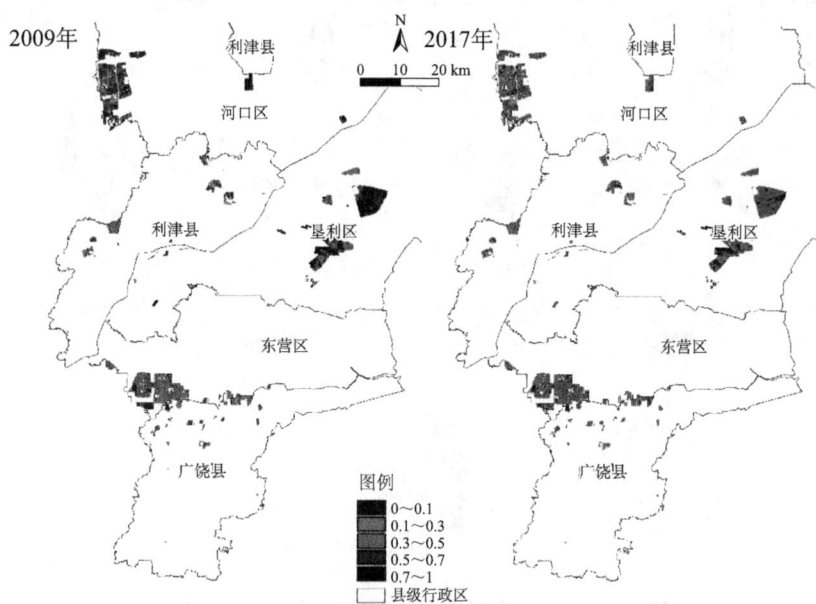

图 5 - 13 东营市耕地占补平衡区域生境质量变化

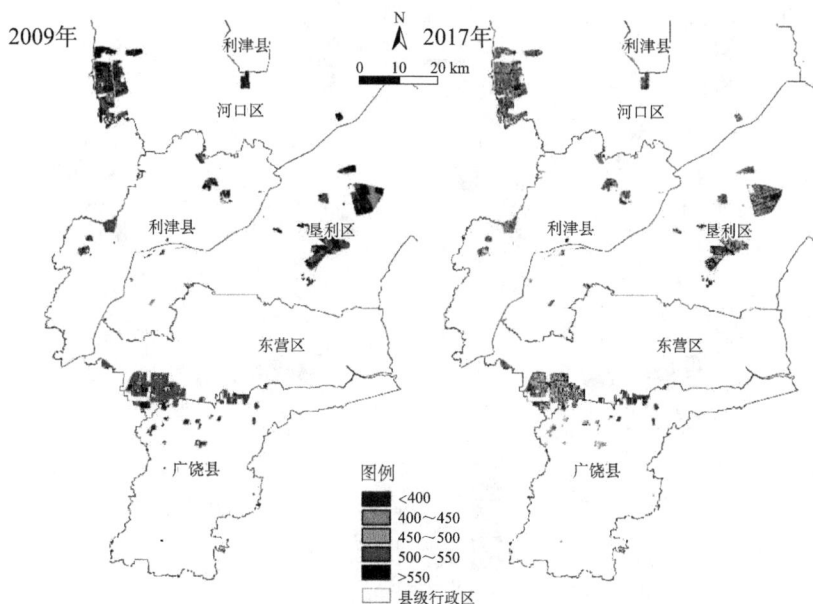

图 5 - 14 东营市耕地占补平衡区域产水量变化

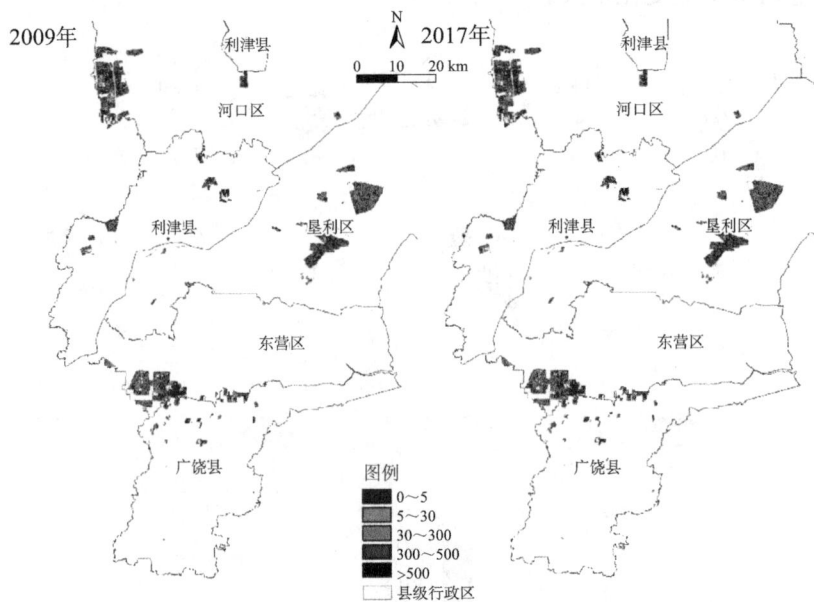

图 5 - 15　东营市耕地占补平衡区域土壤保持变化

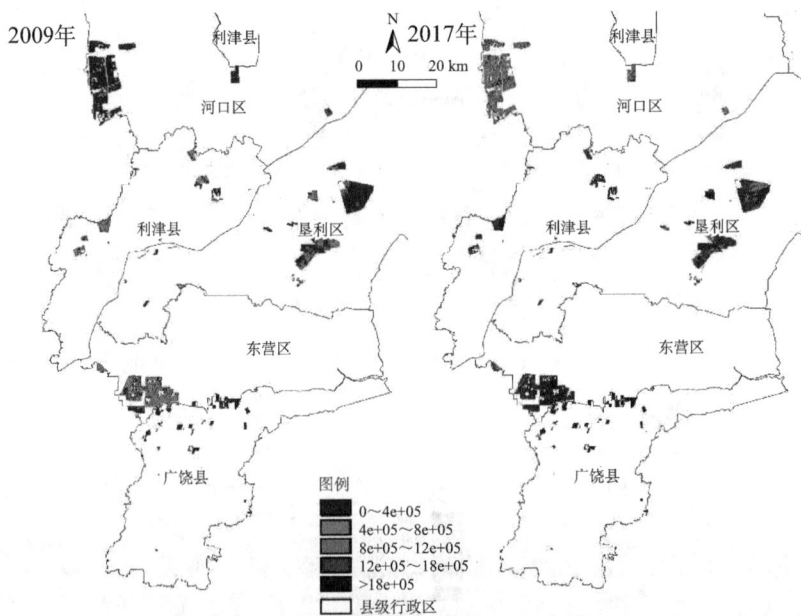

图 5 - 16　东营市耕地占补平衡区域粮食供给变化

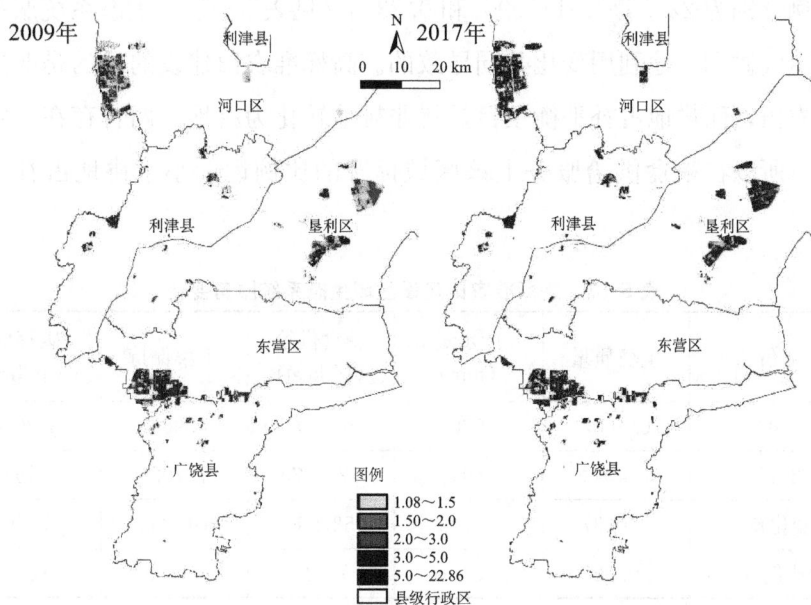

图 5-17　东营市耕地占补平衡区域碳存储变化

（2）高标准基本农田建设区域。

高标准基本农田是指通过农村土地整治提升耕地综合生产能力，改良农业生产配套基础设施来保障粮食安全的重要手段，是土地利用规划和土地综合整治的重要组成部分（刘新卫等，2012；薛剑等，2014）。由于我国耕地质量总体偏低，因此，通过采取工程措施解决耕地水土流失、沙化、干旱、洪涝等生态环境问题，进而提升水源涵养能力和生物多样性，也属于生态修复措施（刘春芳等，2018；张凤荣，2019）。部分专家指出，高标准农田建设是土地管理的重要手段，也是生态文明建设的重要措施之一（王军等，2012；刘春芳等，2018）。

本书梳理了 2009—2017 年东营市高标准农田建设项目矢量数据，利用 ArcGIS 软件对生境质量、产水量、粮食供给、土壤保持和碳存储 5 种生态系统服务进行统计和空间分析。研究发现，生境质量和粮食供给服务得到了提升，其中粮食供给服务提升明显，由 694608 亿 kcal 上升到 1232575 亿 kcal，增长了 77.45%。产水量、土壤保持和碳存储服务在研究期间有所下降，下降比例分别为 22.35%、14.09% 和 0.23%（见表 5－7）。生态系统服务变化是由气候和土地利用变化共同导致的。高标准农田建设的目的是改造中地产农田，而耕地占补平衡项目是将非耕地转化为耕地。两者存在一定的差别，所以在粮食供给服务上该区域提升的比例远远小于耕地占补平衡区域。

表 5－7　高标准农田建设区域生态系统服务变化

年份	生境质量	产水量（mm）	粮食供给（亿 kcal）	土壤保持	碳存储（Mg/hm²）
2009	0.4003	520	694608	8.9662	3.2014
2017	0.4040	404	1232575	7.7029	3.1939
变化量	0.0037	－116	537967	－1.2633	－0.0075
变化比例（%）	0.92	－22.35	77.45	－14.09	－0.23

这 5 种生态系统服务在空间上的变化存在一定的差异性，总的来说，生境质量变化较小，河口区和垦利区部分区域变化较为明显（见图 5－18）。产水量变化幅度和范围较大，整体都呈下降趋势（见图 5－19）。土壤保持虽然数量上下降幅度达到 14.09%，但是在空间上变化不明显，这可能与示意图分类不够精细有关（见图 5－20）。粮食供给服务空间格局变化幅度也较大，2009 年南高北低的格局被打破，到了 2017 年高标准农田建设区域只有在研究区西北部（河口区）及垦利区东部部分地区有粮食供给服务较低的区域（见图 5－21）。东营市高标准农田建设区域碳存储空间变化不大，主要表现为研究区西北部（河口区）和垦利区南部区域呈现上升趋势（见图 5－22）。

（3）耕地占补平衡与高标准农田区域生态系统服务变化对比。

耕地占补平衡与高标准农田建设都属于土地整治的手段，但是对生态系统服务的影响差别却是很大的。对比表 5－6 和表 5－7 可以看出，耕地占补平衡政策对生境质量、粮食供给和碳存储 3 项生态系统服务的影响更大，高标准农田建设政策对产水量、土壤保持的影响更大。需要说明的是，

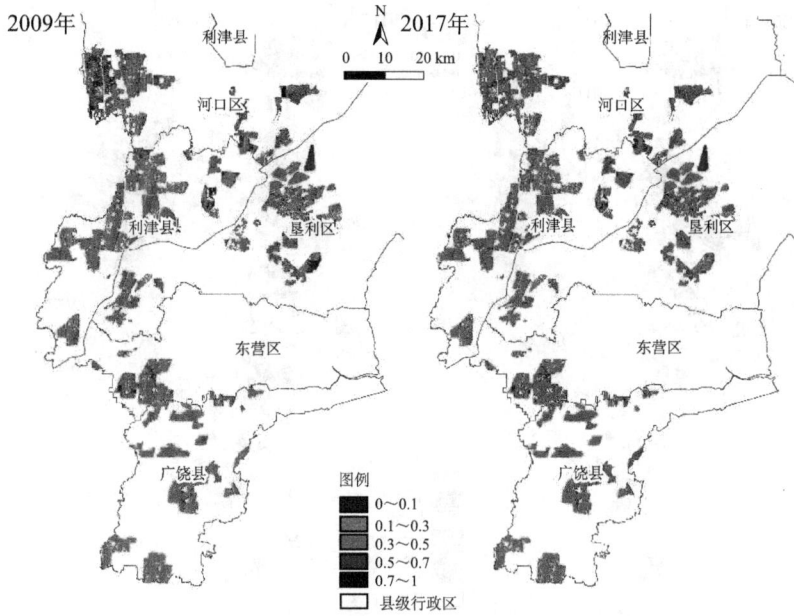

图 5 - 18 东营市高标准农田建设区域生境质量变化

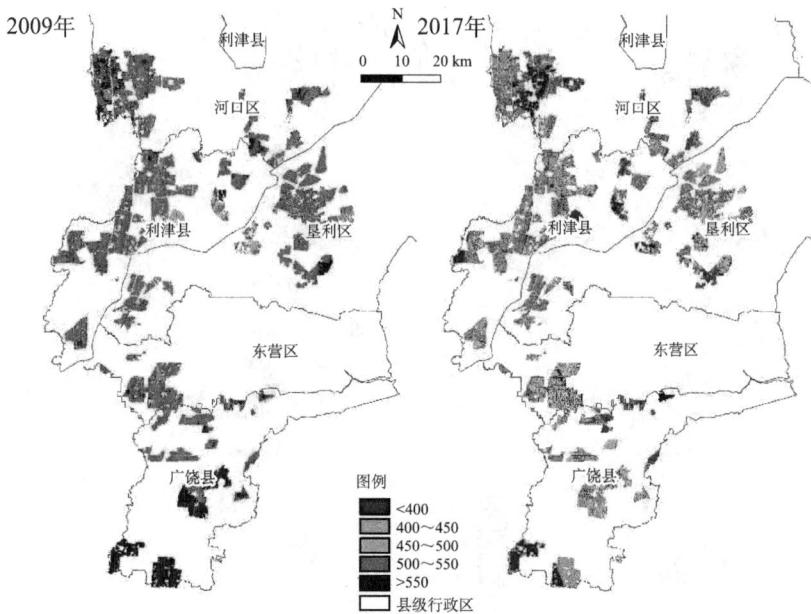

图 5 - 19 东营市高标准农田建设区域产水量变化

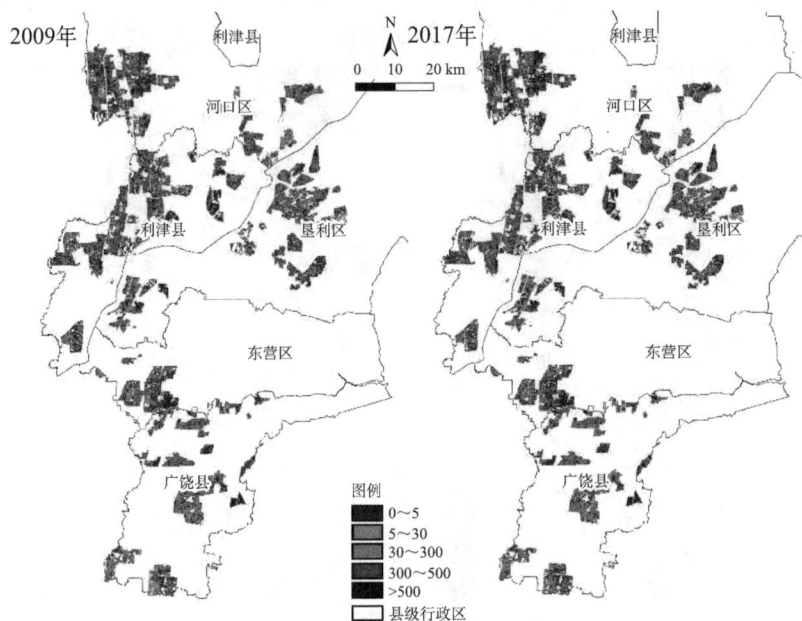

图 5-20　东营市高标准农田建设区域土壤保持变化

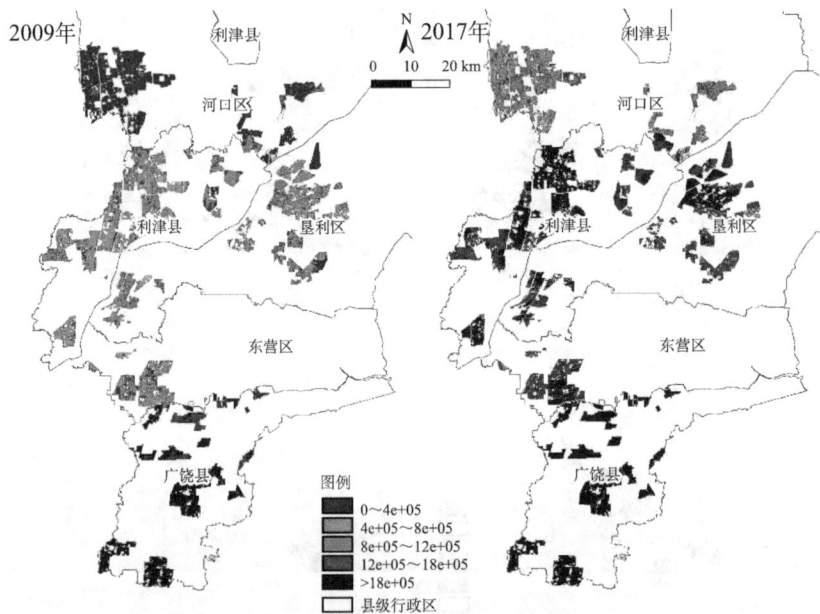

图 5-21　东营市高标准农田建设区域粮食供给变化

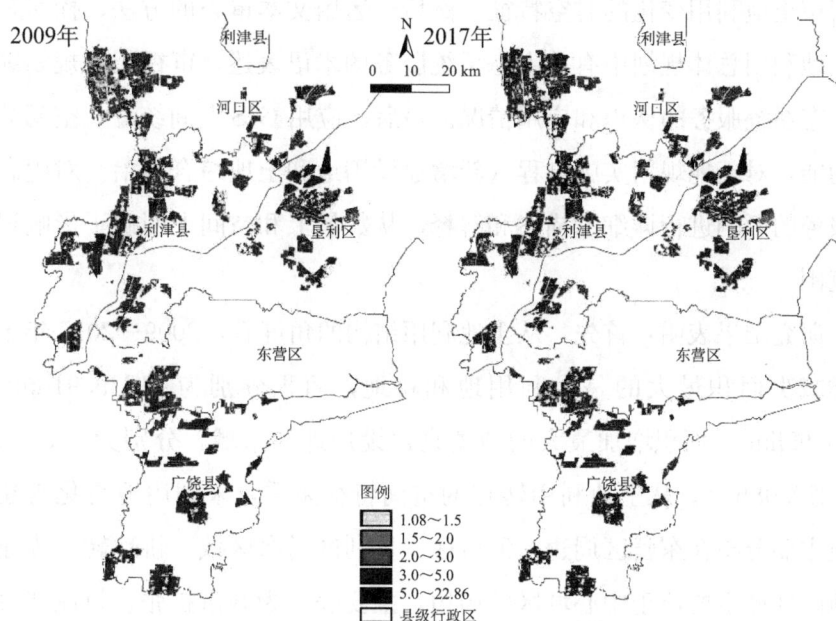

图 5－22　东营市高标准农田建设区域碳存储变化

第一，东营市土壤盐碱化严重，一些未利用地本身就不适合动植物栖息，生境质量较低，经过土地整治后，生境质量提高的幅度较高标准农田区域更高。第二，由于高标准农田区域的耕地本身具备一定的粮食生产能力，提升的幅度不如耕地占补平衡区域。第三，两个政策都对产水量产生了负面的影响，这可能与气候变化和土地利用覆被变化有关。第四，高标准农田建设造成了土壤保持的能力变差，而耕地占补平衡则在一定程度上提升了土壤保持。第五，耕地占补平衡大幅度提升了碳存储的能力，而高标准农田建设对碳存储产生负面影响，但是影响幅度不大。分析其中的原因，与土地的植被覆盖有直接关系，补充耕地的区域大多属于不毛之地，盐碱含量高，未改造和治理前只适合少量的耐盐耐碱植物生存。

四、本章小结

本章首先通过 GIS 重分类、矢量转栅格、土地转移矩阵等方法，分析东营市土地利用变化的时空特征。然后，运用文本审查的方法，探讨东营市土地利用总体规划中有关生态系统服务的术语表述，审视土地规划编制对生态系统服务的认识和应用情况。最后，应用 GIS 空间统计、空间分析的功能，对土地规划实施过程（新增建设用地和土地综合整治）对生态系统服务的影响进行详细的描述和解释，从数量上和空间上明确了影响程度和范围。

研究结果表明：首先，从土地利用结构的角度看，2009—2017 年土地地类减少面积最大的是未利用地和耕地，面积分别为 21239.91hm^2 和 9850.95hm^2；面积增加最大的地类是建设用地和水域，分别为 30951hm^2 和 1279.08hm^2。从土地利用转移的空间特征来看，未利用地转化为建设用地主要分布在东营区周边、河口区、垦利区沿海区域。耕地转化为建设用地的区域主要位于中心城区的周边，主要表现为城市扩张、村庄建设和基础设施建设。在建设用地扩张的推动下，耕地、未利用地和水域用地也经历着剧烈的变化。其次，从文本审查的角度，东营市土地利用总体规划中有 171 次关于"生态"的表述，体现了土地规划对生态保护的重视。但是对"生态"的表述较为笼统，未能体现生态系统的供给、调节、支持和文化服务。最后，从新增建设用地的视角，该区域 5 种生态系统服务功能都呈下降趋势，其中生境质量和粮食供给服务下降比例最大，分别为 50.02％和 41.56％。基于土地综合整治整体的视角，生境质量、粮食供给和碳存储 3 种生态系统服务功能快速上升，粮食供给上升了 85.2％。就耕地占补平衡区域来看，只有产水量生态服务呈下降趋势，其他 4 种生态系统服务都呈上升趋势，其中粮食供给服务上升比例达到 150.58％，远高于土地整治整体区域。就高标准农田区域来看，生境质量和粮食供给 2 种生态系统服务在研究期间有增长趋势，产水量、土壤保持和碳存储服务都有所减少。高标准农田区域在粮食供给服务提升幅度方面，不如耕地占补平衡区域。

第六章

东营市多规划情景下生态系统服务权衡分析

一、基于 FLUS 模型的土地利用情景模拟

（一）模型原理及参数设置

FLUS（Future Land Use Simulation）模型是在人工神经网络模型的基础上，结合自适应惯性竞争机制建立的未来土地利用变化模拟模型。该模型的特点是能够有效耦合自然环境要素和社会经济要素，并基于轮盘赌选择的自适应惯性机制解决相互转换的不确定性和复杂性，很好地弥补传统元胞自动机方法中局部转换和参数确定复杂等问题。已有研究表明，相对于 CLUE-S 模型，FLUS 模型具有更好的预测能力（Liu et al.，2017；Liang et al.，2018；彭云飞，2018）。

1. 基于人工神经网络的适宜性概率计算

人工神经网络（Artificial Neural Networks，ANNs）是一系列有效的工具，能够通过学习记忆来迭代、调整并拟合输入数据与训练目标之间的关系。ANNs 被证明是一种更有效、更简单的方法来处理土地利用与多种驱动因素之间复杂和非线性的关系（Liu et al.，2017；Li et al.，2020a；邓元杰等，2020）。

$$sp(p,k,t) = \sum_j \omega_{j,k} \times sigmoid\{net_j(p,t)\} = \frac{\sum_j \omega_{j,k}}{1 + e^{-net_j(p,t)}} \quad 式\ 6-1$$

其中，$\omega_{j,k}$是隐藏层和输出层之间的自适应权重，并且在训练过程中进行调整。$net_j(p,t)$ 代表输入层中的神经元 j 在训练时间 t 时在像素 p 处接收到的信号。sigmoid() 是从隐藏层到输出层的激励函数。对于人工神经网络输出层的适宜性概率 sigmoid()，在迭代时间 t 像素 p 处，各类土地适应性概率之和为 1，即：

$$\sum_k sp(p,k,t) = 1 \qquad \text{式} 6-2$$

2. 自适应惯性竞争机制

惯性系数是自适应性竞争机制的核心。它受土地数量和土地利用需求的影响，这意味着当某一土地利用类型的发展趋势不满足需求时，惯性系数在下一代迭代中会自我调整和修正，从而使各种土地利用数量演化为设定的土地需求量（Lin et al.，2020；邓元杰等，2020）。惯性系数计算公式如下：

$$Inertia_p^t = \begin{cases} Inertia_p^{t-1} & |D_p^{t-2}| \leqslant |D_p^{t-1}| \\ Inertia_p^{t-1} \times \dfrac{D_p^{t-2}}{D_p^{t-1}} & 0 > D_p^{t-2} > D_p^{t-1} \\ Inertia_p^{t-1} \times \dfrac{D_{tp}^{t-1}}{D_p^{t-2}} & D_p^{t-1} > D_p^{t-2} > 0 \end{cases} \qquad \text{式} 6-3$$

式 6-3 中，$Inertia_p^t$ 表示迭代时间 t 时土地利用类型 p 的惯性系数；D_p^{t-1}，D_p^{t-2} 是指 $t-1$、$t-2$ 时刻土地利用网络配置与 p 类土地利用宏观需求的差异。

综合了发生概率、邻域效应、惯性系数和转换成本，FLUS 模型利用以下公式建立了更全面和综合的概率：

$$TProb_{k,p}^t = SP(k,p,t) \times \Omega_{k,p}^t \times Inertia_p^t \times (1 - sc_{c \to p}) \qquad \text{式} 6-4$$

式 6-4 中，$SP(k,p,t)$ 表示 t 时刻网络单元 k 上出现 p 类土地利用类型的概率；$sc_{c \to p}$ 代表土地利用类型 c 到 p 的转换成本；$\Omega_{k,p}^t$ 代表特定网格单元 p 处土地利用 k 的邻域效应，方程定义为：

$$\Omega_{k,p}^t = \frac{\sum_{N \times N} con(c_k^{t-1} = p)}{N \times N - 1} \times \omega_p \qquad \text{式} 6-5$$

式 6-5 中，$\sum_{N \times N} con(c_k^{t-1} = p)$ 表示第 $t-1$ 时刻，在 $N \times N$ 窗口内，p 类土地利用所占用的网格单元总数，在本研究中 $N=3$。ω_p 为各类土地利用 p 的邻域效应权重。

（二）驱动因素分析及因子选择

土地利用变化是在自然、经济、社会、气候等多种因素影响下发生的。FLUS 模型耦合了人类活动和自然要素，将"自下而上"CA 模型和"自上而下"土地利用需求预测模型相结合（Liu et al.，2017；刘晓娟等，2019）。本文根据东营市的特征，选择了地形因素、交通可达性、经济社会因素和气候因素四大类。DEM 数据（30m），人口和 GDP 空间数据（1km）主要来自于中科院资源环境科学数据中心，本文通过掩膜裁剪和重分类等方法得到东营市人口和 GDP 栅格数据（30m）。文章利用 ArcGIS 欧式距离等方法得到交通可达性相应的栅格数据。利用反距离插值法（IDW）得到降水量和温度等气象栅格数据（见图 6-1）。此外，模型运用到的其他数据来源包括限制区域和规划区位因素，来自《东营市土地利用总体规划（2009—2020)》数据库，包括生态红线和永久基本农田保护区（见表 6-1）。

（三）模拟结果与模型检验

根据上述文件及参数设定，我们利用 2009 年东营市土地利用数据模拟得到 2017 年土地利用图（见图 6-2）。将模拟图与 2017 年东营市土地利用比较，计算总体精度和 Kappa 系数。总体精度和 Kappa 系数越接近 1，模拟精度越好，反之越差。当 Kappa 系数大于 0.75 时，模拟精度较高，具有统计学意义（邓元杰等，2020）。通过计算发现本次模型的总体精度为 0.85，Kappa 系数为 0.81，实验精度达到较高水平，表明 FLUS 模型具有很好的适用性，能够应用于接下来的多情景模拟。

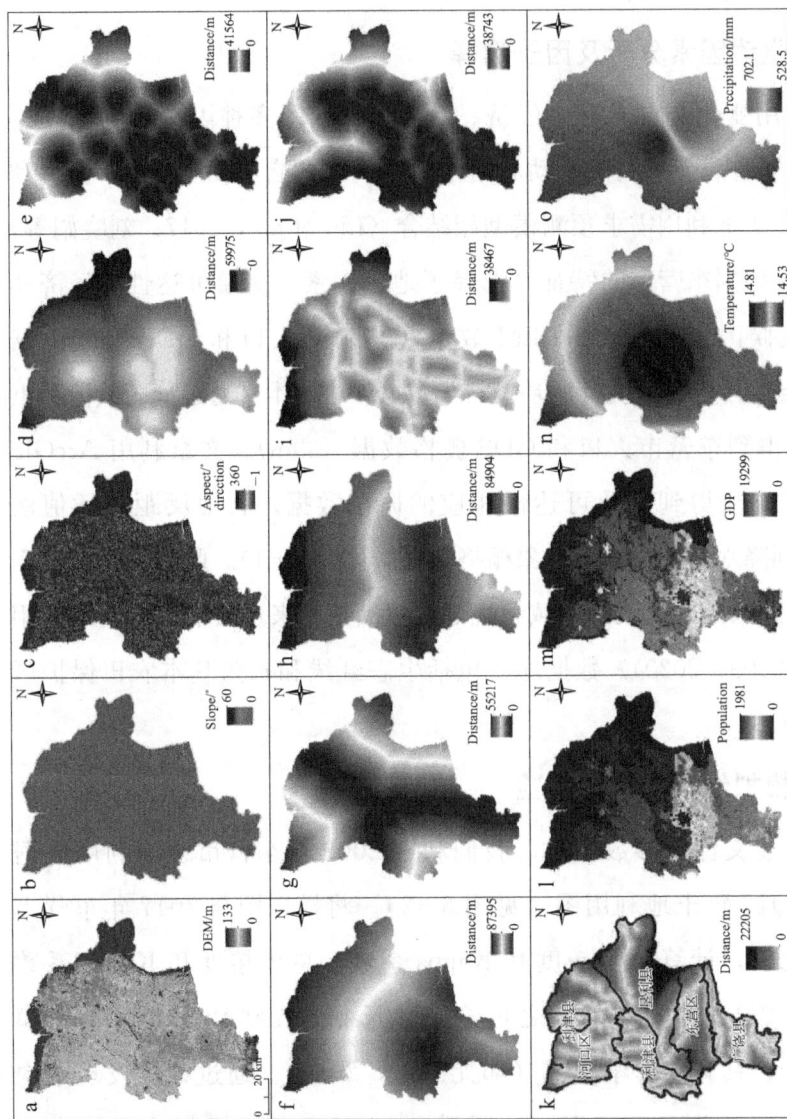

图 6-1　东营市土地利用驱动因子

（a. 高程；b. 坡度；c. 坡向；d. 距建成区的距离；e. 距城镇的距离；f. 距铁路的距离；g. 距高速公路的距离；h. 距国道的距离；i. 距省道的距离；j. 距县道的距离；k. 距河流的距离；l. 人口分布；m. GDP 分布；n. 年均气温；o. 年平均降水量）

表 6 - 1　东营市土地利用驱动因子相关数据来源及描述

数据类型	数据说明	数据处理	空间分辨率	数据来源
土地利用	2009 年土地利用	土地变更调查矢量数据转为栅格数据（2009，2017）	30m	自然资源局
	2017 年土地利用			自然资源局
限制区域和规划区位因素	生态红线	土地利用总体规划数据，矢量转为栅格数据	30m	自然资源局
	永久基本农田			自然资源局
地形	高程	NASA 数据	30m	中科院资源环境科学数据中心
	坡度	由 DEM 计算得来		
	坡向	由 DEM 计算得来		
交通可达性	到建成区距离	ArcGIS 欧氏距离	30m	地理国情监测云平台
	到城镇距离			
	到铁路距离			
	到高速公路距离			
	到国道距离			
	到省道距离			
	到县道距离			
	到河流距离			
社会经济	人口分布	对中国人口空间分布公里网格数据集提取和重分类	1000m	中科院资源环境科学数据中心
	GDP 分布	对中国 GDP 空间分布公里网格数据集提取和重分类		
气候因素	年均气温	反距离加权插值法（IDW）	30m	中国气象数据网
	年均降雨量			

（四）情景设定

我们通过对不同的土地利用需求、限制区、邻域因子和转换成本组合来设定 4 种不同的情景（见表 6 - 2、表 6 - 3 和表 6 - 4）。情景Ⅰ：基于 2009—2016 年土地利用转移矩阵，利用 Markov 链预测 2030 年土地利用需求，FLUS 模型的其他参数保持不变。情景Ⅱ：在情景Ⅰ的基础上，我们提高了耕地面积，降低了建设用地、水域、湿地和未利用地的面积，并

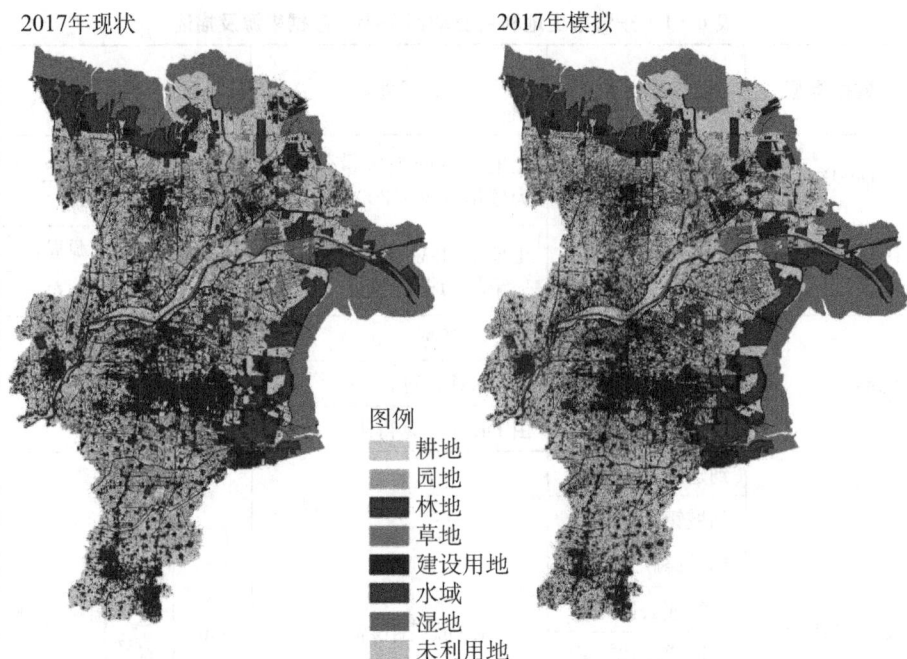

图 6-2　东营市 2017 年土地利用模拟结果与现状对比

且将建设用地的扩张能力调整到 0.9。情景Ⅲ：在情景Ⅰ的基础上，提高了生态功能价值更高的土地类型，如耕地、水域、湿地和未利用地，减少了建设用地面积。此外，调整了相应的邻域因子，并且加入了生态红线作为限制区。转移成本作了调整，以使得更具生态价值的土地类型转出成本更高。情景Ⅳ：兼顾考虑了城市扩张、耕地开垦和生态保护，调整了其土地需求面积和扩张能力，并将生态红线和永久基本农田保护区同时作为限制区加入模拟模型中。土地转出成本与情景Ⅲ一致。

表 6-2　规划情景设置

情景	类型	参数设置及规划政策
情景Ⅰ	自然发展情景	模型参数不变，用 Markov 预测面积作为土地需求数据
情景Ⅱ	耕地快速扩张	增加耕地面积，降低建设用地、水域、湿地和未利用地面积；调减建设用地邻域因子模型参数
情景Ⅲ	生态保护情景	增加耕地、林地、水域和湿地面积，降低建设用地面积；调减耕地和建设用地邻域因子模型参数，调整增加林地、水域和湿地邻域因子模型参数；设置生态保护红线作为限制区

（续表）

情景	类型	参数设置及规划政策
情景Ⅳ	兼顾生态保护、城市增长和耕地扩张	增加耕地、林地、水域和湿地面积，降低建设用地面积；调减耕地和建设用地邻域因子模型参数；设置生态保护红线和永久基本农田作为限制区

表6-3 邻域参数因子

情景	耕地	园地	林地	草地	建设用地	水域	湿地	未利用地
情景Ⅰ	0.5	0.1	0.2	0.1	1	0.1	0.1	0.1
情景Ⅱ	0.5	0.1	0.2	0.1	0.9	0.1	0.1	0.1
情景Ⅲ	0.2	0.1	0.3	0.1	0.9	0.2	0.2	0.1
情景Ⅳ	0.4	0.1	0.2	0.1	0.9	0.1	0.1	0.1

表6-4 转换成本矩阵

情景	类型	耕地	园地	林地	草地	建设用地	水域	湿地	未利用地
情景Ⅰ&Ⅱ	耕地	1	0	1	0	1	1	0	0
	园地	1	1	1	0	1	1	0	0
	林地	1	0	1	0	1	0	0	0
	草地	1	1	1	1	1	1	0	0
	建设用地	1	1	1	0	1	0	0	0
	水域	1	1	1	0	1	1	1	0
	湿地	1	1	1	1	1	1	1	0
	未利用地	1	1	1	1	1	1	1	1
情景Ⅲ&Ⅳ	耕地	1	0	1	0	1	1	1	0
	园地	1	1	1	0	1	1	1	0
	林地	1	0	1	0	1	1	1	0
	草地	1	1	1	1	1	1	1	0
	建设用地	1	1	1	1	1	0	1	0
	水域	1	1	1	1	1	1	1	0
	湿地	1	1	1	1	1	1	1	0
	未利用地	1	1	1	1	1	1	1	1

Markov模型是根据事物的一种状态向另一种状态转化的概率预测未

来的状态概率分布，并且假定 $t+1$ 时的土地利用类型状态只与 t 时的土地利用状态有关（李龙 et al.，2020）。具体表达公式如下：

$$S_{t+1} = P_{ab} \times S_t \qquad\qquad 式 6-6$$

式 6-6 中，S_t、S_{t+1} 是 t、$t+1$ 时研究区土地利用状态矩阵；P_{ab} 为土地类型 a 转化为土地类型 b 的转移概率矩阵。

（五）土地利用情景分析

运行模型，我们模拟出了 2030 年四种情景下土地利用图（见图 6-3）。情景 I 显示 2017—2030 年，按照历史发展轨迹，东营市土地利用发生了较大变化，城市蔓延的现象十分明显，尤其是主城区周边和黄河西侧的区域。建设用地占东营市总面积的比例由 2017 年的 15.70% 上升到 2030 年的 21.48%，未利用地和耕地比例也分别下降了 2.31% 和 3.27%（图 6-4）。情景 II 显示，在耕地扩张政策的主导下，主城区周边的建设用地扩张得到了抑制，城市东北区域建设用地扩张较为明显，耕地面积下降的速度也放慢了，占比相对于 2017 年仅下降了 0.21%（见图 6-4）。情景 III 显示，在生态红线保护的政策下，建设用地扩张进一步放缓，林地、湿地和水域小幅上升，未利用地退化放缓，耕地扩张也被遏制，耕地面积占比相较于情景 II 下降了 1.57%（见图 6-4）。情景 IV 兼顾了城市扩张、农业开垦和生态保护三个目标，林地和水域用地略有上升，耕地和未利用地减少速度变慢，建设用地扩展呈现紧凑型和填充式扩张，城市蔓延有所缓解。过分强调耕地扩张则导致生态用地损失速度变快（情景 II），过分强调生态保护，则耕地被侵占的风险变大（情景 III）。情景 IV 则通过划定生态红线和永久基本农田边界的方式控制被侵占的风险，这种情景下，其他区域的地类就会更容易发生转变。因此，只要不控制建设用地的快速增长，那么维持可持续发展的局面将面临较多挑战。

总的来说，四种情景，土地利用结构在政策影响下有很大区别，但是耕地、建设用地和未利用地的变化最为剧烈。需要指出的是，由于建设用地扩张趋势仍然较为明显，这就带来了一些新的问题。

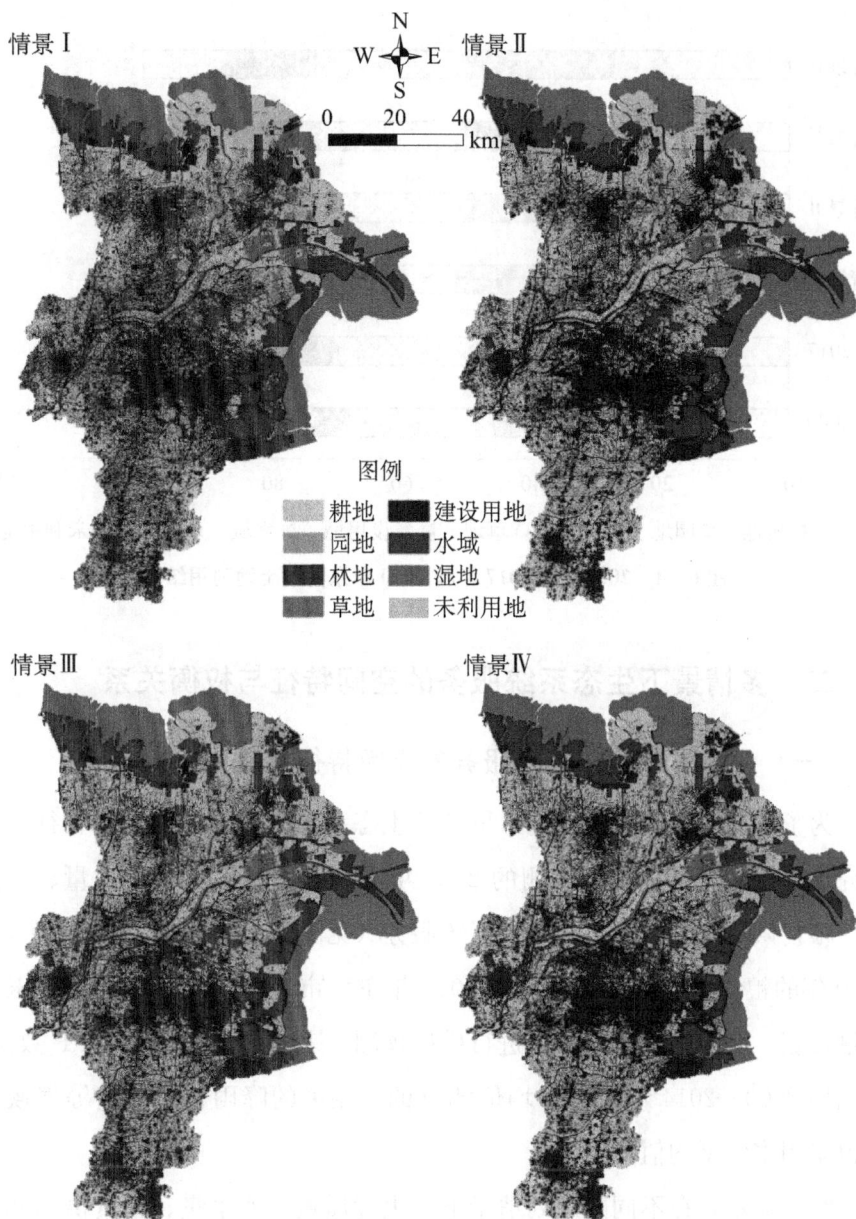

图 6-3　2030 年东营市四种情景下土地利用模拟图

　　土地利用的剧烈变化深刻影响着生态系统服务的整体效益和空间分布，尤其是东营市地处黄河三角洲核心区域，陆地和湿地生态系统较为脆弱，淡水资源短缺和生物多样性减少等生态环境问题面临巨大挑战。

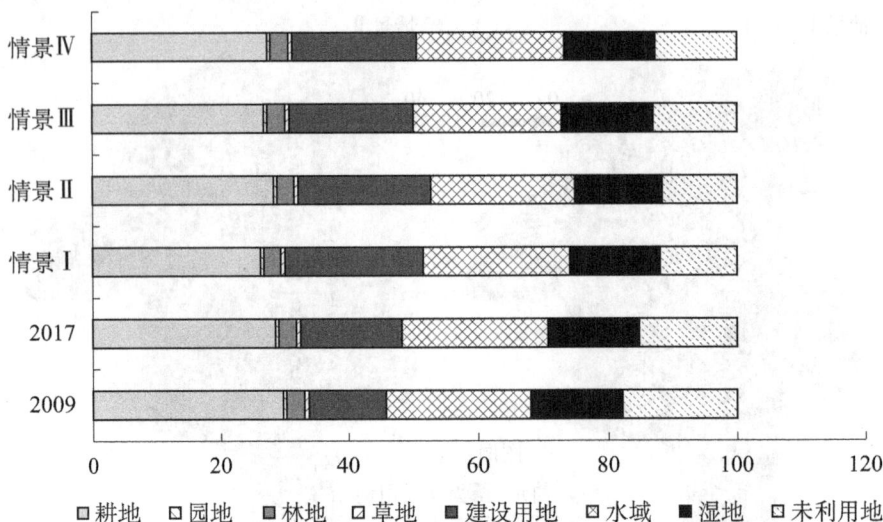

图 6-4　2009 年、2017 年和 2030 年东营市土地利用结构

二、多情景下生态系统服务的空间特征与权衡关系

（一）多情景下生态系统服务的空间特征及变化

为了对比研究不同规划情景下各项生态系统服务的空间变化特征，本研究根据第六章第一部分预测的 2030 年土地利用模拟了生境质量、产水量、粮食供给和碳存储四项生态系统服务（见图 6-5）。由于数据的限制，2030 年的粮食生产是根据 2009—2017 年东营市各县区小麦、水稻和玉米产量数据，利用 STATA 软件进行模拟预测得来的。2030 年的 NPP 数据，是利用 2000—2014 年数据平均值测算的。相关的降雨、蒸散量等气候数据也采用多年平均值得来。

结果显示，在不同的规划情景下，生境质量、产水量、粮食供给和碳存储整体格局未发生较大的变化。但是，在不同情景下，东营市各项生态系统服务的平均值相较于 2017 年有不同的变化。整体来看，东部和北部沿海生境质量仍然较高，城市周边以及盐碱化较重的区域生境质量较低。在情景Ⅰ中，由于未对城市扩张和农业开垦等各种条件有所限制，按照原

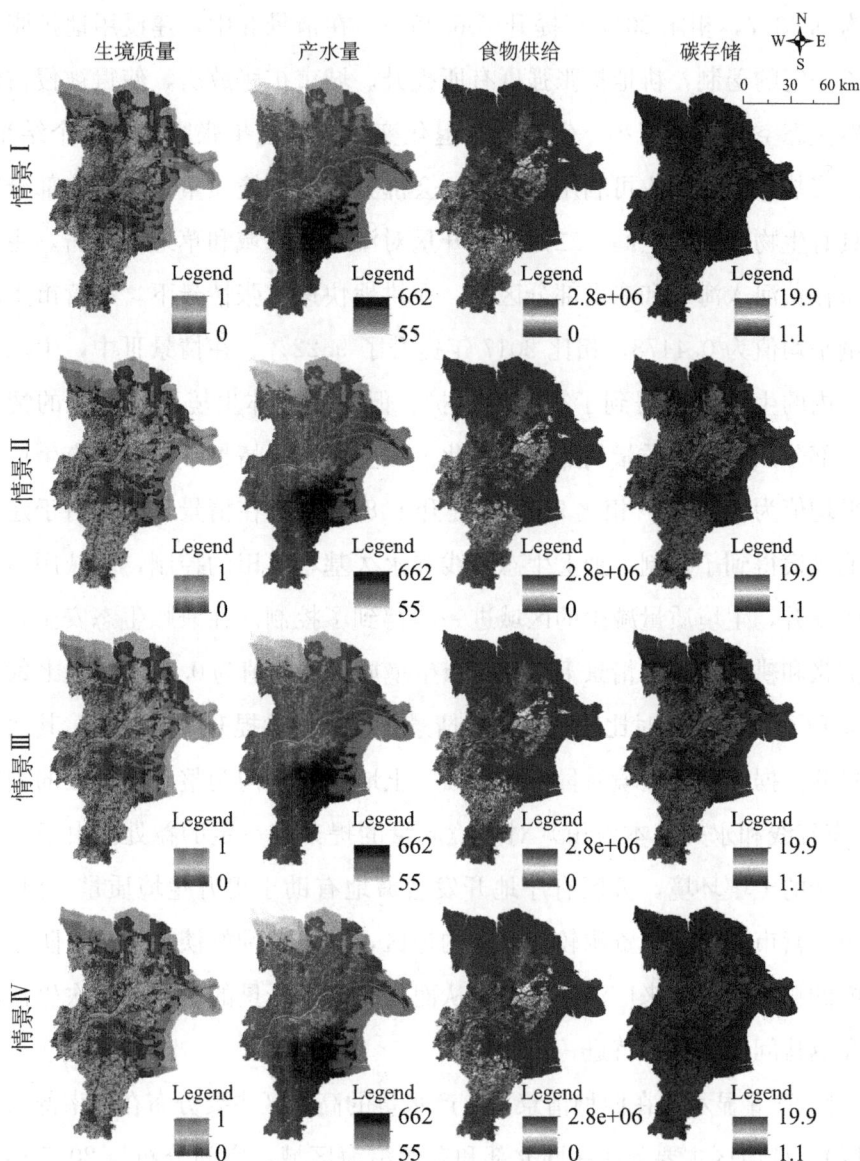

图 6 - 5　2030 年东营市四种情景下生态系统服务空间分布

先的自然发展情景模拟，土地利用变化较为激烈。相较于 2017 年耕地减少了 19039 公顷，建设用地增加了 47663 公顷，这导致了生境质量高的空间损失较多，主要是在城镇周围的区域。但是，由于未利用地开发利用较多，面积减少达到 26965 公顷。在自然发展情景下，东营市生境质量平均值为 0.4377，相比 2017 年提升了 6.76%。在情景Ⅱ中，建设用地扩张得到了一定的遏制，耕地扩张强度有所提升。城市扩张放缓，使得被侵占的自然生态空间范围缩小，生境质量退化变慢。耕地扩张则带来两个结果，一是将盐碱地开发成可利用的耕地，会部分提升生境质量，使得这部分区域具有生物存在的空间；二是耕地开垦对湿地、水域和草地的侵占，主要分布在黄河入海口和东南部分区域。在耕地快速扩张情景下，东营市生境质量平均值为 0.4478，相比 2017 年提升了 9.22%。在情景Ⅲ中，生态保护区内的生境质量得到了很好的保护，但是在整体生境质量恶化的情景下，部分区域生境质量仍然有所退化。在生态安全情景下，东营市生境质量平均值为 0.4466，相比 2017 年提升了 8.93%。在情景Ⅳ中，由于建设用地规模得到了控制，加上生态红线和永久基本农田的控制，水域用地还有所提升，生境质量减少的区域进一步得到了控制。在兼顾生态安全、城市扩张和耕地扩张的情景下，东营市生境质量平均值为 0.4482，相比 2017 年提升了 9.32%。对比四种情景，情景Ⅳ生境质量提升幅度最大，其次是情景Ⅱ。据此，在生境质量保护方面，土地利用结构调整和保护区的划定（生态红线和永久基本农田）对生境质量的提升有一定的益处。由于东营市特殊的土壤环境，分区有序地开发盐碱地有助于提升生境质量。但是，由于东营市属于淡水资源较为匮乏的地区，如何分配好淡水资源，防止大规模的耕地开发带来广泛的缺水，从而导致已经开垦的耕地发生次生盐渍化和返盐问题，还有待进一步研究。

图 6-5 显示，在四种情景下，产水量的高值区主要分布在中南部（东营区），低值区主要分布在西北部和东部沿海区域，空间分布与 2017 年基本一致。这是由于产水量的空间分布，主要是受降雨量的影响较大，土地利用变化对产水量的影响并不显著，这与前人的研究是一致的（Yang et al.，2019；杨洁等，2020）。但由于不同土地类型的土壤含水量、蒸散发、植被覆盖以及凋落物保水能力不同，在仅考虑土地利用变化的条件下，土地利用变化也会导致产水量空间分异。从图 6-5 可以看出，建设用地、耕

地和草地产水量较大，水域和林地产水量较少。产水量在不同情景下土地利用分布不同有所差异。从产水量的平均值看，情景Ⅰ分别大于情景Ⅱ、情景Ⅲ和情景Ⅳ，分别为395.37mm、394.45mm、393.38mm和393.27mm，分别比2017年变化了1.32%、1.08%、0.81%和0.78%。在降雨量和蒸散量等气候不变或者变化不大的情况下，产水量的空间分布主要与土地利用结构和分布有关。

图6-5显示，粮食供给的空间分布有了很大的变化，主要表现在中西部（利津县）区域粮食生产功能得到进一步增强，而垦利区沿黄河流域一带的粮食生产能力被削弱，其他区域由于土地类型的限制（非耕地）粮食产量较小，变化不大。研究假定粮食产量与耕地和NPP有关，在NPP变化不大的前提下，粮食产量主要与耕地的数量、质量和空间分布有关。表6-5显示，四种情景粮食供给都有较大的下降，下降比例分别达到27.05%、22.73%、26.66%和24.73%。分析其原因，情景Ⅰ、Ⅲ和Ⅳ耕地规模都有很大的下降，其中情景Ⅰ耕地大规模的下降是由于城市扩张带来的；情景Ⅲ和情景Ⅳ耕地规模下降的部分原因是为了保护生态地，耕地补充的来源被限制。而情景Ⅱ，在耕地规模未发生较大下降的情形下，粮食产量也有较大的下降，可能是由于补充的耕地质量不及建设用地占用的耕地质量，以及由于经济社会发展对淡水资源的争夺导致农业用水的进一步压缩，无法满足农业生产。

图6-5显示，东营市碳存储在空间分布上与2017年大体一致，高值区主要位于黄河入海口处（国家级自然保护区），低值区主要位于建设用地和海岸带区域。这主要是由于黄河入海口处有较多的林地分布，林地是碳存储的重要地类。耕地同时具有碳汇和碳排放的功能，两者大小和规模受气候等因素的影响。从表6-5看出，情景Ⅰ碳储存平均值比2017年下降了1.92%，这与城市大规模的扩张有直接关系，城市扩张占用林地、草地和湿地等具有更大碳汇功能的地类。情景Ⅱ的碳存储平均值相比于2017年无变化，但是在空间上由于耕地的扩张，碳存储增加的区域较大，但在

黄河故道高值区有所下降。情景Ⅲ与情景Ⅱ的整体格局变化类似，但是碳存储平均值比 2017 年提升了 0.38%。情景Ⅳ中在黄河入海口的区域，有部分区域碳存储的值有明显提升。这与生态红线的划定和永久基本农田的划定有直接关系。生态红线的划定和永久基本农田保护区的划定有助于保护林地、草地等碳存储功能更强的生态空间。但是，由于东营市林地和草地面积比例较小，主要分布在黄河入海口和黄河故道附近，碳存储的变化相对较小。未来的土地利用规划，需要在划定生态红线的基础上，加大对土地利用结构的调整，一方面减少对林地和草地的占用，另一方面要加大对林地和草地的调控，通过改良盐碱地等方式种植适宜生长的草地、灌木林和乔木林。在生态系统生态学和恢复生态学原理的指导下，充分挖掘盐生动植物潜力，通过生态演替的方式逐步增强东营市碳存储的能力和范围。

综合图 6-6 和表 6-5 可知，在不同的城市扩张、生态保护、耕地扩张等规划背景下，四种管理方案呈现出不同的整体效益。在四种规划情景下，粮食供给快速下降，生境质量和产水量都有所提升。碳存储在情景Ⅰ中呈下降的态势，在其他三种情景中都保持不变或微小的提升。

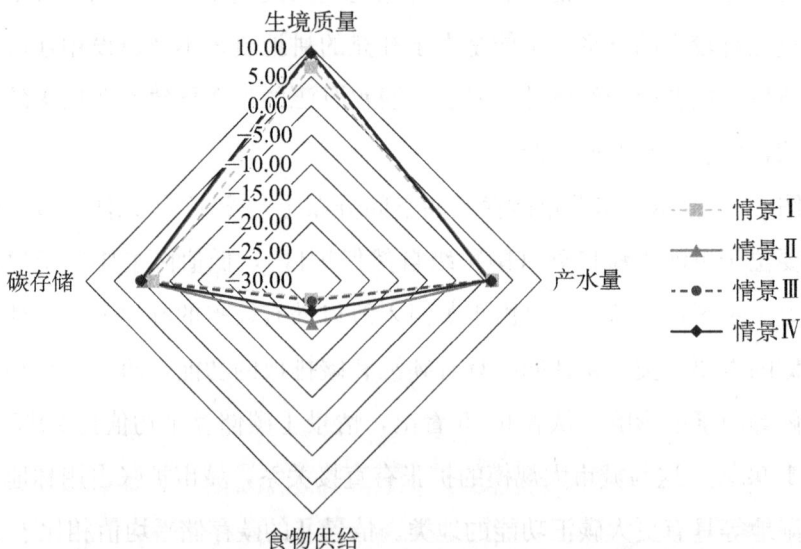

图 6-6　2030 年东营市四种情景下生态系统服务变化率对比

表6-5　2030年东营市四种情景下生态系统服务平均值及变化率

情景	生境质量	变化率	产水量	变化率	粮食供给	变化率	碳存储	变化率
情景Ⅰ	0.4377	6.76	395.37	1.32	352057	−27.05	2.55	−1.92
情景Ⅱ	0.4478	9.22	394.45	1.08	372943	−22.73	2.6	0.00
情景Ⅲ	0.4466	8.93	393.38	0.81	353952	−26.66	2.61	0.38
情景Ⅳ	0.4482	9.32	393.27	0.78	363263	−24.73	2.61	0.38

（二）多情景下生态系统服务权衡关系

研究采用第四章第三部分描述的研究方法，采用 ArcGIS 中 Band Collection Statistics 工具分别定量测度四种规划情景下东营市生境质量、产水量、粮食供给和碳存储之间的相关系数（见表6-6）。并根据相关系数的大小和方向，判别存在权衡关系的生态系统服务对。进而根据第四章第二部分中提到的 T 指数法对 4 对生态系统服务空间权衡指数空间化，结果如图6-8。

表6-6　2030年东营市四种情景下生态系统服务间相关性

	生境质量	产水量	粮食供给	碳存储
情景Ⅰ				
生境质量	1			
产水量	−0.7206	1		
粮食供给	−0.0581	0.2538	1	
碳存储	0.2805	0.1235	0.1475	1
情景Ⅱ				
生境质量	1			
产水量	−0.7247	1		
粮食供给	−0.0777	0.2659	1	
碳存储	0.2683	0.1324	0.1469	1
情景Ⅲ				
生境质量	1			
产水量	−0.7221	1		
粮食供给	−0.0721	0.2613	1	

	生境质量	产水量	粮食供给	碳存储
碳存储	0.2777	0.1319	0.1397	1
情景Ⅳ				
生境质量	1			
产水量	−0.7216	1		
粮食供给	−0.0763	0.2666	1	
碳存储	0.2739	0.1344	0.1419	1

从表6-6可知，四种情景下生境质量与产水量、粮食供给服务具有负相关关系；而碳存储与生境质量、产水量、粮食供给都呈正相关关系，产水量与粮食供给也是正相关关系。生境质量高的土地利用地类主要包括林地、草地、湿地和水域用地，而这些区域恰恰是产水量和粮食供给服务较弱的区域。而碳存储高的土地利用地类主要包括林地、草地，与生境质量和产水量在空间上有一定的重叠。从图6-7中可以看出，对比几对生态系统服务间相关系数，生境质量与产水量的相关系数的绝对值最大。从生态系统服务相关系数的多情景对比来看，生境质量与产水量的相关系数绝对值最大的是情景Ⅱ（−0.7206），紧随其后的是情景Ⅲ、情景Ⅳ和情景Ⅰ。生境质量与粮食供给的相关系数绝对值最大的是情景Ⅱ（−0.0777），紧随其后的是情景Ⅳ、情景Ⅲ和情景Ⅰ。

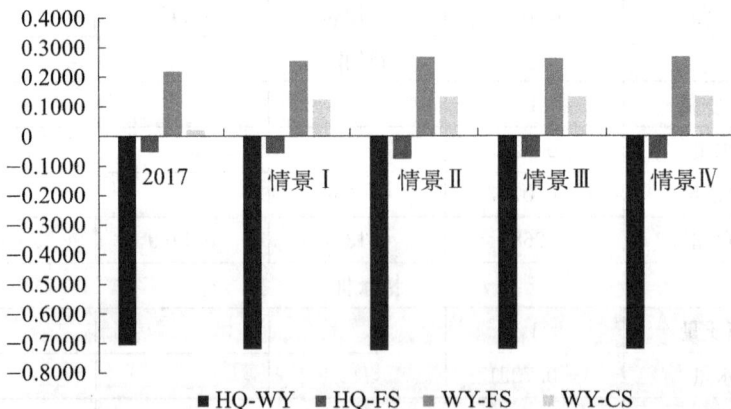

图6-7　2017年和2030年东营市四种情景下生态系统服务间权衡变化

　　为了更加直观地展示不同的生态系统服务间的权衡关系，研究选择了四对生态系统服务，并利用 ArcGIS 的 Raster Calculator 工具，首先对 4 种生态系统服务进行归一化处理，然后计算出生境质量-产水量、生境质量-粮食供给、产水量-粮食供给和产水量-碳存储两两之间的 T 指数，识别出生态系统服务权衡的空间格局特征。

　　从图 6-8 中可以看出，四种情景下生境质量-产水量空间权衡的区域较大，其中权衡系数较大的区域主要位于北部沿海和东部滩涂湿地区域。生境质量-粮食供给空间权衡区域较为集中，主要位于西部（利津县）和南部（广饶县）。产水量-粮食供给服务空间权衡区域主要位于中西部和南部区域，权衡系数较大的区域位于广饶县最南端和利津县中部。产水量-碳存储服务空间权衡区域较小，主要位于黄河入海口区域。四种情景下，东营市各对生态系统服务间权衡关系总体格局类似，但是在不同情景下，各级别的权衡系数比例有一定区别（见图 6-9），权衡的强度也在不同的规划政策下有所变化。

　　在自然发展情景下，生境质量-产水量、生境质量-粮食供给、产水量-粮食供给和产水量-碳存储四对生态系统服务权衡区域比例分别为 50.69％、17.85％、6.92％和 4.05％。这主要是由于城市扩张主要以建制镇、农村周边为主，但在耕地占补平衡政策影响下，东北部地区的湿地、草地等生境质量高的空间容易被侵占。在耕地扩张情景下，东营市中部及北部地区生境质量-产水量权衡强度在下降，西部和南部地区生境质量-粮食供给的权衡强度也在下降，这一区域是耕地后备资源开垦的重点区域，这说明耕地开垦有助于降低生境质量-产水量的权衡。在生态安全情景下，中部和东北部生境质量-产水量生态权衡区域加大，在黄河等水域用地区域的协同区域在扩大。水域是生境高质量空间的重要来源，在控制了生态红线以后，建设用地扩张加强了侵占耕地空间。产水量和碳存储之间的生态权衡区域几乎没变，但是相对于自然发展情景，生态协同的区域范围在扩大。在情景Ⅳ中，在结构调整和生态红线、永久基本农田控制下，南部

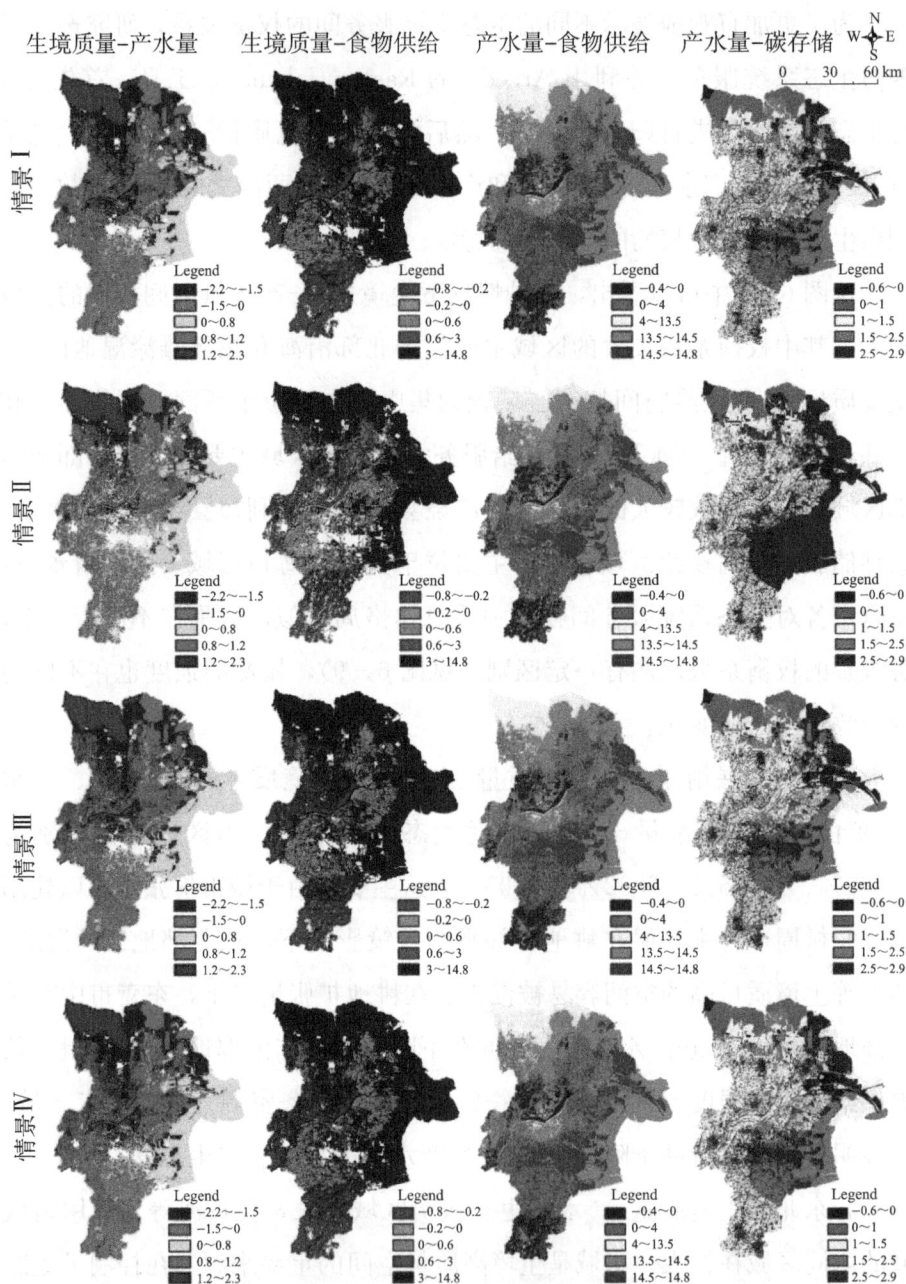

生境质量-产水量　　生境质量-食物供给　　产水量-食物供给　产水量-碳存储

情景 Ⅰ

情景 Ⅱ

情景 Ⅲ

情景 Ⅳ

图6-8　2030年东营市四种情景下生态系统服务间空间权衡指数

（广饶县）生境质量-产水量权衡区域有所扩大，中北部权衡区域强度有所
下降，北部协同区域有所扩大。东营市生境质量高值区主要分布在东部和

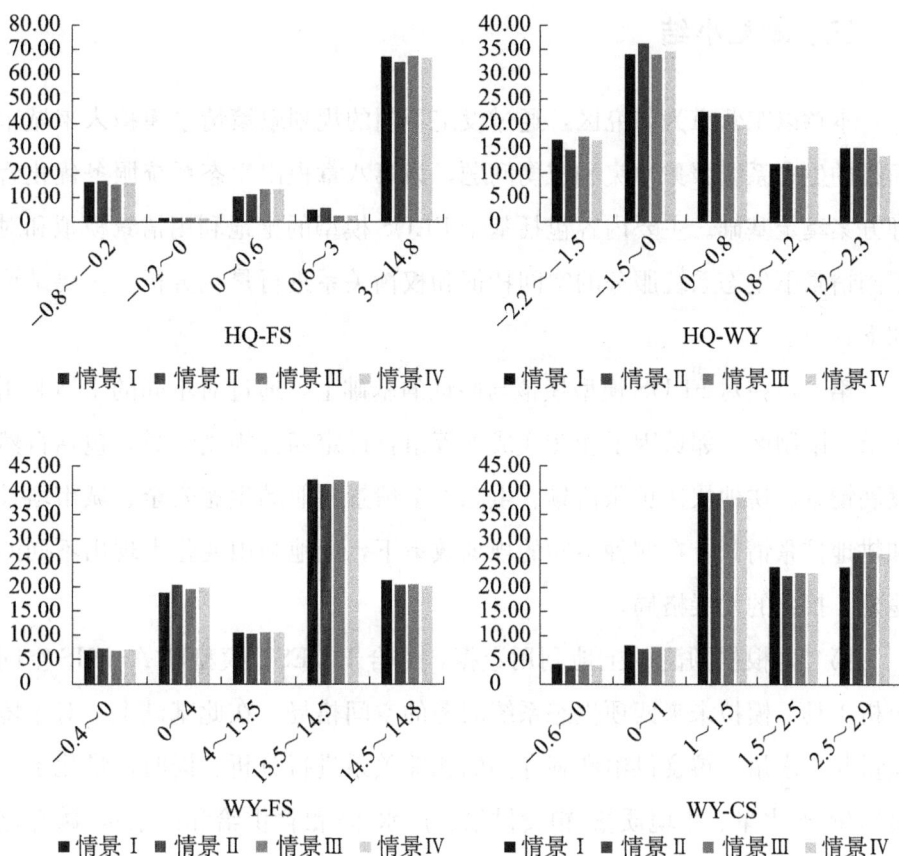

HQ-FS

■ 情景Ⅰ　■ 情景Ⅱ　■ 情景Ⅲ　■ 情景Ⅳ

HQ-WY

■ 情景Ⅰ　■ 情景Ⅱ　■ 情景Ⅲ　■ 情景Ⅳ

WY-FS

■ 情景Ⅰ　■ 情景Ⅱ　■ 情景Ⅲ　■ 情景Ⅳ

WY-CS

■ 情景Ⅰ　■ 情景Ⅱ　■ 情景Ⅲ　■ 情景Ⅳ

图 6 - 9　2030 年东营市四种情景下生态系统服务间空间权衡指数分级比例

北部沿海区域以及部分湖泊水面用地区，而产水量高值区主要位于中部地区。通过土地利用结构调整，可以适当扩大生境质量高值区范围，通过生态红线和永久基本农田保护区，可以降低建设用地扩张和耕地扩张对生态空间的挤占，有利于降低权衡的强度。需要说明的是，东营市林地、草地比例较小，主要集中在黄河入海口区域，未来不仅要保护好生态红线内的林地、草地，而且要在流域中上游扩大林地的种植范围。通过构建黄河生态廊道和各类湖泊湿地自然保护区，进一步促进生态物质量、能量流和信息流的交换和流动。

三、本章小结

本章以东营市为研究区，通过设定不同的规划政策情景模拟未来城市面临的生态系统服务冲突和权衡问题，为第八章提出生态系统服务优化管理方案奠定基础。主要内容包括基于 FLUS 模型的土地利用情景模拟和对不同情景下生态系统服务的空间特征和权衡关系进行量化分析。主要结论如下：

第一，在对 FLUS 模型模拟与验证的基础上，通过对不同的土地利用需求、限制区、邻域因子和转换成本等组合设定四种规划情景，包括自然发展情景、耕地快速扩张情景、生态安全情景和兼顾生态安全、城市增长和耕地扩张情景。在四种不同的规划政策下，土地利用变化表现出不同的蔓延、扩张的发展格局。

第二，根据预测的土地利用数据，结合 InVEST 模型和 ArcGIS 空间分析工具，模拟未来四项生态系统服务的空间格局。在此基础上，对生境质量与产水量、粮食供给和碳存储的相关关系进行分析。同时，量化了生境质量-产水量、生境质量-粮食供给、产水量-粮食供给和产水量-碳存储四对生态系统服务权衡指数。研究表明，在四种情景下，粮食供给服务快速下降，生境质量和产水量都有所提升。碳存储在自然发展情景下呈下降的态势，在其他三种情景中都保持不变或微小的提升。由情景模拟发现，在土地利用结构调整、生态红线和永久基本农田保护区多重控制下，有助于适当扩大生境质量高值区，以及减轻建设用地扩张和耕地扩张对自然生态空间的挤占，降低多种生态系统服务权衡的强度。尤其是东营市北部和东部沿海地区，以及中部和南部生态冲突严重的地区。

第七章

生态系统服务调控及治理的政策启示

通过对生态系统服务变化的评估、驱动力和模拟预测的分析发现，当前生态系统服务调控面临的挑战，一是如何量化复杂的生态系统服务权衡关系，二是要构建一个系统的、科学的和可操作的生态系统服务调控治理体系，实现生态系统服务的权衡向协同和优化转变。生态系统服务的量化评估和权衡关系是生态系统服务调控的决策依据，优化和提升整体生态系统服务是调控的目标，从生态系统服务的影响因素入手是调控的切入点，加强规划管制是生态调控的手段和方法，系统治理是生态调控的方向。本文从规划评估、规划编制、规划实施和空间治理能力四个方面分别提出生态系统服务调控的政策建议，形成了一个全面的调控体系（见图 7-1）。

一、改进规划评估，提高生态系统服务调控的科学性

规划评估是为了对上一轮土地利用规划的效果进行评估，为新一轮规划编制提供成功的经验并总结失败的教训（邓红蒂等，2012）。规划评估对规划编制、实施、治理等有一定的指导作用。

生态评估是规划评估的重要组成部分（冯应斌等，2014）。根据第五章第二部分内容，从规划文本的审查内容可以看出上一轮土地规划，十分注重生态环境保护，也有对划定生态保护红线和禁止建设区等管控方式的描述。但是，从整体上来说，规划文本对生态问题缺乏科学的认识和具体

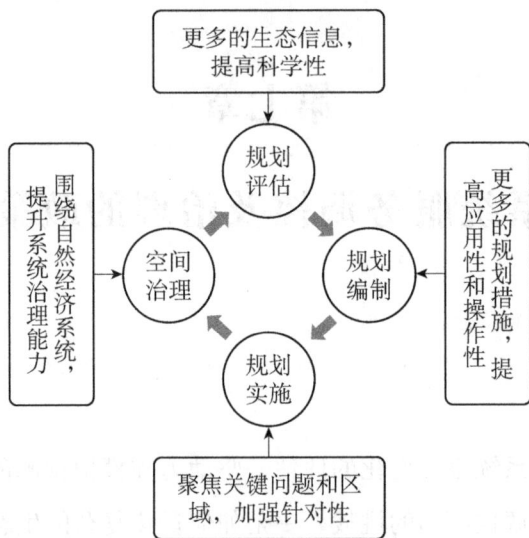

图 7-1　生态系统服务的调控体系

的描述，只将生态问题简化为保护部分生态功能区。此外，规划文本缺乏对生态供给服务、调节服务、支持服务、文化服务等具体功能和价值的评估。再者，生态系统服务和功能的变化，是由局部变化引起的。根据系统论的观点，局部的微小变化容易造成整体的重大变化。规划评估注重对土地利用的整体生态系统服务，缺乏对土地利用实施过程和实施项目的具体评估，这样容易导致对局部生态系统过程的认识不足，无法为决策者提供有效信息。

　　生态系统是开放性和流动性的系统，既具有区域性特征，又具有自身独特的生态功能（郑华等，2013）。生态系统的健康是可持续发展的基础，主要体现在其具有经济价值和生态功能的双重属性。因此，从规划评估的角度看，可以作出以下几个方面的改善：第一，改进规划评估体系，重视对生态系统服务价值和功能的评价。通过建立规划评估和生态系统服务权衡的联系，利用生态学理论丰富空间规划对生态系统服务的评估内涵。第二，重视对具体的规划实施项目进行生态评估，为决策者提供更加丰富的生态信息。一方面，通过对规划政策引起的生态系统服务进行评估，实现对规划过程的管理；另一方面，通过对耕地占补平衡、新增建设用地布局等规划政策对生态系统服务的影响评估，探索研究区生态系统服务变化的驱动力和生态学过程，进而可以反馈到新一轮的国土空间规划编制和实施中。第三，加强对规划文本的审查，通过问卷调查、座谈等方式，了解规划政策实施的目标和决策逻辑，发现其制度漏洞和不足，为规划政策实施改革提供依据。第四，根据研究区的自然特点，对水资源供给、文化景观、气候调节等多种服务进行评估。同时，对多种生态系统服务间的关系进行量化评估，发现研究区的生态冲突和权衡发生的根本原因和制约因素。

对东营市来说，淡水资源短缺和盐碱化严重是其自然资源的特点。规划评估需要加强对其粮食生产、水资源供给、生境质量、生物多样性方面的评估。此外，由于水资源的限制，粮食生产、生境质量、碳储存等生态系统服务之间可能存在复杂的此消彼长和同增同涨等关系。生态系统服务的调控需要对东营市主要的和关键的生态问题进行分析研究，以此为东营市可持续土地利用奠定基础。

二、改善规划编制，强化生态系统服务调控的应用性

生态系统服务的变化主要受气候变化和人为因素的驱动。其中，土地利用规划是重要的人为因素之一。因此，从改善规划编制的视角，提出优化生态系统服务调控具有重要意义。土地利用规划编制，包括土地利用结构调整、"双评价"（资源环境承载力评价和国土空间开发适宜性评价）、以及"三区三线"划定（城镇空间、农业空间和生态空间，生态保护红线、永久基本农田红线和城镇开发边界）等一系列的内容。

完善规划编制首先通过"双评价"对东营市的水土资源承载力进行评价。第一，考虑到东营市的淡水资源较为匮乏，而淡水资源是农业生产、工业生产和生态保护十分重要的资源。耕地开垦需要消耗大量淡水资源，盲目地开发耕地容易导致更大规模的土壤盐碱化或者已经治理好的耕地

"返盐"等问题（范晓梅等，2010；Li et al.，2018）。规划编制要正确处理好水资源承载能力，避免过度地农业开发导致对淡水资源的竞争。第二，生态系统服务价值理论和物质量评估显示，林地、湿地和水域用地具有较高的生境质量和碳存储等功能。草地也具备较高的气候调节、水文调节和土壤保持功能。在土地利用结构调整中，要遵循"裸地-草地-灌丛-乔木"的自然生态演替的原理，将部分区域的盐碱地优先调整为草地或林地，并选用一些本土适宜生长的树木和草类，如怪柳、艾蒿、胡杨、红树、碱蓬等。因地制宜扩大林地、草地、湿地等绿色生态空间，逐步改善北部和东部生态退化区域，提高水源涵养能力，改善农业生产条件和小气候。第三，根据景观生态学原理，划定重要生态功能区和生态敏感区。构建"斑块-基质-廊道"生态格局，在最为关键的生态保护区域划定生态红线，如黄河三角洲国家级自然保护区、东营黄河三角洲国家地质公园、水源保护地及国家级湿地公园等。在这些区域实行严格的环境准入制度与管理措施。第四，永久基本农田是耕地的精华，具有高粮食生产供给服务的功能，同时，也能够提供生物多样性保护和碳存储功能。划定永久基本农田保护区时，需要优先布置在离水源地较近的区域，并且避免与生态红线重叠和冲突，黄河入海口的国家级自然保护区，更多地是维护生物多样性保护的功能，永久基本农田需要逐步退出，以免形成对淡水资源的争夺。

三、改良规划实施，加强生态系统服务调控的针对性

建设用地扩张和土地整治，是土地规划实施的重要手段。不同的土地利用方式、土地利用强度和土地管理方式，会对生态系统服务产生截然不同的影响。可持续的土地利用并非是消极地维持现状，而是要按照生态平衡及调控的理论，不断地打破和创建新的生态平衡。

从新增建设用地对粮食供给、碳存储等五种生态系统服务的影响来看，建设用地扩张对生态系统服务功能的影响是深刻的。因此，要严格控制具有重要生态功能的草地、林地、湿地等土地的占用。规划建设实施

前，要对土地利用空间的生态价值和功能进行评价。要充分评估土地开发对周边或区域生态系统的干扰影响。避开具有关键生态功能和生态脆弱的区域，避免破坏区域的可持续发展。新增建设项目确实无法避让的，要严格依法报批和补偿。国土空间规划需要通过明确开发空间比率、植被绿化率、土壤保持、生物多样性保护和污染控制等多种指标，控制各类建设开发对生态系统服务的影响。

土地利用具有多功能性特征，包括农业生产、水源涵养、文化景观等功能。土地综合化整治，一方面可以增加耕地数量和提升质量，另一方面，也会对生态系统服务、景观多样性产生影响（Zhang et al.，2014）。土地整治本质上是对土地利用进行优化，涉及粮食生产、生态环境修复、人居环境改善等诸多功能（王军，2011；郧文聚等，2011）。土地整治需要在"耕地占补平衡"的基础上，不断丰富自身内涵和理念，土地整治的模式也要不断的发展。土地整治需要向景观生态型土地整治转变，将生态和景观要素引入土地整治中，通过景观格局构建、生态修复和建设的方式，解决土地利用中生态退化、生物多样性降低和景观单一化等问题。此外，土地整治，需要和国土空间生态修复规划相结合，按照统筹兼顾、自然恢复为主，人工恢复为辅的方针，对生态、农业和城镇空间进行保护性修复。通过对重点地区生态系统功能的修复和提升，维护生态安全和提供多样化的生态系统服务，如水源涵养、生物多样性、美学景观等。

对于东营市而言，一方面，城市建设项目需要避让生态湿地，建设用地走集约节约发展的路径。另一方面，在黄河入海口等生态敏感区和脆弱区，要适当以林地、草地和湿地布局为主，实施生物多样性保护、水源涵养、文化景观功能多目标综合整治。有序地降低农业景观生态系统服务功能，对于还存在的石油等采矿活动要严格遵守准入制度和环境治理制度。对于黄河两岸及其他的湖泊湿地，两岸要设置防护林带、缓冲带和过滤带，保护农业景观半自然生境的同时，涵养水源，保护水质，加强生态廊道网络化建设，确保生态系统服务功能持续供给。对于中部和北部地区，通过加强高标准基本农田建设，推动农业生产集约化和高效化发展。在北部地区，加强对盐碱地的统一规划和治理。采用探索盐碱化地区多样化的利用途径，充分利用现有盐碱地资源，发展盐碱农业，促进粮食供给和生态环境持续健康协同发展。盐碱地治理要遵循生态系统演替规律，坚持宜耕则耕、宜林则林、宜草则草，盐碱地开发治理要与当地的自然资源和生态环境相协调。

四、强化空间治理能力，提升生态系统服务调控的系统性

空间治理是国家治理在空间资源领域的具体体现。自然资源保护和生态系统服务调控是一项系统性、整体性和综合性的治理工程。山水林田湖草系统各元素彼此相互依存、相互促进、相互制约，通过能量流动，物质循环和信息传递，共同组成了一个有机有序的生命共同体。其中，淡水资源是东营市经济发展的一项资源环境硬约束，综合治理水、土、生物各种资源，协调自然、经济和社会发展之间的关系至关重要。仅仅从国土空间规划布局和实施层面，调控生态系统服务是远远不够的，要从治理体系层面打造可持续的土地利用规划。生态系统服务调控需要从更大的空间尺度上，在生态修复的基础上统筹自然资源管理，做到"整体保护、系统修复、综合治理"的统一（曹宇等，2019）。将各要素按照生态系统耦合原理协同串联起来，分阶段分区域有序实施综合治理和生态修复，形成"区域治理-山水林田湖草协调治理-重点生态区生态修复和综合治理"的格局。

具体来说，第一，要建立由自然资源部门牵头，发展改革、财政、生态环境、住房城乡建设、水利、农业农村、林草等部门参与的国土空间规划编制工作协调机制，协调解决规划编制中的重大生态权衡和冲突问题。对自然保护地面积过大、边界冲突、重开发轻保护等问题，按照生态系统整体性、系统性和连通性等规律协同解决，充分吸收各个部门的合理意见，形成规划边界清晰、布局合理和管理有效的规划治理体系。第二，强

化空间规划的战略性、综合性和系统性的作用，改变空间规划的分散化、边界不统一的问题。东营市的国土空间规划和自然资源治理，需要结合黄河流域生态保护和高质量发展的战略。第三，基于恢复生态学的理论，从"山水林田湖草是生命共同体"的理念出发，协同解决东营市生态空间萎缩、水资源供需矛盾和生境质量退化的问题。

五、本章小结

理解土地利用对生态系统服务的影响，有助于理解生态系统服务的复杂性、动态性和非线性等关系。但是，这还不能实现生态系统服务的调控管理，也难以支撑可持续的土地利用。本章从改进规划评估、改善规划编制、改良规划实施和提升空间规划治理能力四个方面入手，从规划的目标导向、技术方法、政策改进等方面提出了加强和提高生态系统服务调控的科学性、应用性、操作性和系统性的策略和建议。政策建议从多角度多维度提出对生态系统服务的全程管控和治理，从而提升区域生态系统服务整体效益和减缓生态冲突。

第八章

研究结论与展望

一、研究结论

城市化引起的土地利用变化，是生物多样性和生态功能退化的重要驱动力。应对经济社会发展的同时维持健康可持续的生态系统是 21 世纪面临的重大挑战。将生态系统服务纳入土地利用规划和自然资源管理决策中，对调控和优化区域生态系统服务功能具有重要的理论和现实意义。然而，这种"双赢"的规划在现实世界中并不多见，管理者往往需要对多种生态系统服务和功能作出权衡和选择。本文通过构建面向可持续土地利用的生态系统服务调控分析框架后，首先对研究区生态系统服务物质量进行评估，并对它们之间的复杂关系进行了量化分析。在此基础上，通过设定多种规划情景对生态系统服务权衡关系和权衡区域进行模拟分析，继而提出关于可持续土地利用和生态系统服务调控的策略。主要得出以下结论：

第一，构建的理论框架能够实现生态系统服务调控的目的。生态系统服务是人类从生态系统中获得的各种惠益，同时也是经济社会存在和发展的基础。然而，由于生态系统本身的复杂性和非线性关系，人类在生态系统管理中常常面临"非此即彼"的艰难抉择。研究从基本概念和理论阐释、生态系统服务调控的原理以及土地利用参与生态系统服务调控的内在逻辑等角度出发，构建了"目标＋状态＋原因＋预测＋策略"的理论框架，该理论框架有助于回答研究区生态系统服务状态是什么，为什么会发生这样的变化，发生了怎样的变化，未来可能会发生什么变化以及我们该怎么办的一系列问题。研究从价值论的角度探讨了可持续土地利用的多元目标，从认识论角度探讨了土地利用规划影响生态系统服务变化的生态学过程，以及如何从系统治理的角度实现生态系统优化和可持续土地利用。该理论框架有助于为科学家和决策者提供新的认识视角和治理思路。

第二，基于物质量的生态系统服务评估法，能够从生态学的原理和机理提供更多的解释，为规划决策提供更多生态功能和生态系统过程空间信息。研究显示，2009—2017 年，东营市生境质量、土壤保持、产水量和碳存储呈现不同程度的下降，粮食供给快速上升。生态系统服务权衡分析表明，生境质量与产水量、土壤保持，产水量与粮食产量、碳存储生态系统服务具有负相关（权衡）关系。生态系统服务空间权衡 T 指数显示，上述四对生态系统服务权衡具有高度的空间异质性和多样性。生境质量高值区主要位于黄河入海口及部分海域水域地区。产水量在 2009—2017 年空间分布不均，空间格局变化较大。土壤保持低值区主要位于沿海区域。粮食供给高值区主要为东营市南部地区。碳存储高值区主要位于黄河入海口区域。

第三，东营市土地利用变化剧烈，城市扩张明显，耕地、未利用地和湿地变化也较为剧烈，生态系统服务变化对土地利用变化响应强烈。规划文本对"生态系统服务"概念表述较为笼统，不利于认识土地生态系统服务的多功能性特征。新增建设用地导致生境质量等 5 种生态系统服务退化；在土地整治活动影响下，生境质量、粮食供给和碳存储 3 种生态系统服务上升，其他生态系统服务下降，不同的土地整治模式对生态系统服务的影响也不同。新增建设用地和土地整治活动在一定程度上引起了生态系统服务在空间上的协同和权衡关系。

第四，多情景模拟分析有助于为科学家和决策者提供更多的信息，了解土地利用过程中生态系统服务不平衡的潜在后果。本文通过设定不同的规划政策和未来发展趋势，模拟城市未来面临的生态系统服务冲突和权衡问题。研究发现：（1）在不同情景下，土地利用结构和空间分布有很大差异。在情景Ⅳ中，建设用地快速扩张和耕地扩张得到了有效遏制，林地、水域用地和未利用地等具有重要生态功能用地得到了较好的保护。（2）在四种情景下，生境质量、产水量、粮食供给和碳存储4项生态系统服务与2017年相比发生了很多变化。从生态系统服务平均值来看，生境质量在情景Ⅳ中最高（0.4482），产水量在情景Ⅰ中最高（395.37mm），粮食供给在情景Ⅱ中最高（372943kcal），碳存储在情景Ⅲ和Ⅳ中最高（2.61）。（3）四种情景下，生境质量与产水量、粮食供给服务具有负相关关系；而碳存储与生境质量、产水量、粮食供给都呈正相关关系，产水量与粮食供给也是正相关关系。（4）通过对比发现，情景Ⅳ是更优的土地利用方式，生态系统服务权衡强度和面积相对较小，符合可持续土地利用的要求。由此认为，在水资源比较丰富的前提下，适当的耕地开垦和未利用地治理能够改善生境质量，并能提高碳存储。情景模拟显示，通过土地利用结构调整和生态红线划定等方式，能够实现减轻生态系统服务权衡，但仍面临部分区域权衡强度扩大的挑战。

第五，从规划编制、自然资源系统治理等角度提出的治理策略能够将生态系统服务调控落实到实践中。生态系统服务的优化最终要落实到可持续土地利用和国土空间规划中，只有制定科学系统的土地利用决策机制，才能真正促进生态系统功能的提升。针对传统土地规划中存在的问题和难点，研究提出改进规划评估、改善规划编制、改良规划实施和提升空间治理能力四个方面的关键性政策。四项政策涵盖可持续土地利用的全过程管控和治理，能够为区域生态系统的调控和健康持续发展提供科学参考。

二、研究创新点

本研究的可能创新之处包括以下几个方面：

第一，本研究提出了一个面向可持续土地利用的生态系统服务调控研究分析框架，该分析框架基于生态学和土地规划管理相关理论，研究如何通过可持续土地利用及相关自然资源管理政策对生态系统服务进行优化调控。该分析框架丰富了生态系统管理和土地利用规划理论体系。以往的研究，一方面，多集中在生态系统服务时空尺度的评估研究上，缺乏对生态系统服务间复杂关系的认识以及精确的生态学空间信息。另一方面，很多研究侧重从宏观层面提出政策建议，无法有效地指导实践。对于土地利用是如何影响生态系统服务，影响了哪一类型的生态系统服务，以及土地利用规划实施使得生态系统服务间发生了什么复杂的关系，缺乏清晰的描述。本书提出的"理论＋方法＋治理"的研究思路具有一定的创新性。

第二，本研究采用新的研究方法改进了生态系统服务权衡关系的表达。首先，采用了生态系统服务物质量评估法，利用应用最广泛的 InVEST 模型量化评估生态系统服务的功能。物质量评估法有助于更加明确生态学过程和机理，具有更加明晰的空间信息。其次，在物质量评估的基础上，采用相关关系和 T 指数的方法，不仅实现了多种生态系统服务间的数量关系表达，而且实现了对生态系统服务权衡的空间位置表达。这有助于帮助科学家和决策者更加准确地发现研究区生态系统服务冲突区域。

第三，本研究采用 FLUS 和 InVEST 相结合的模式，能够实现预测未来土地利用规划政策对生态系统服务影响的潜在后果，使得生态系统服务调控更具有预见性和科学性。FLUS 模型是在人工神经网络模型上构建的，具有更高的土地利用模拟预测精度，能够很好地解决规则转换过程中的不确定性和复杂性问题。本研究拓展了土地利用对生态系统服务影响的研究维度，将驱动力影响的维度从过去和当下推演到未来。

第四，探索了优化生态系统服务落实落地的可持续土地利用规划关键政策。研究围绕规划评估、规划编制、规划实施和空间治理能力提升四个方面，提出国土空间规划要实现可持续发展，必须着眼于价值理念、技术方法、自然资源管理政策和治理能力等多维度提升。

三、研究不足与展望

生态系统调控一直是生态系统生态学领域研究的核心问题之一。土地利用作为生态系统服务的重要驱动力之一，两者之间的关系存在着高度的复杂性。生态系统功能的变化，不仅受到土地利用规划的影响，还受到社会经济、气候条件和政治制度等多种因素影响。限于数据资料、时间以及作者研究能力等方面的限制，本研究面临诸多挑战，存在很多不足之处，有待于今后进一步探讨和研究。

第一，更多的生态系统服务的评估。东营市生态湿地资源丰富，除了具有维护生物多样性和涵养水源等优势，还有调节气候、防洪排涝、净化水质和景观文化的独特功能。显然，土地利用规划对湿地资源的影响也是十分深刻的。限于数据和文章研究内容，未能对净化水质和景观文化等生态系统服务进行评估，生态调控的内涵未能全部覆盖。未来需要收集更多更翔实的数据，甚至需要通过加强实验观测，评估生态过程和机理。

第二，气候变化是生态系统服务重要的驱动力之一。黄河三角洲地区属于水资源较为匮乏的区域，在全球气候变暖的背景下，水资源不确定性增加。此外，气候变暖虽然能够导致植被光合作用增强，但是，也加剧了植被的呼吸作用，导致对植被净生产力的预测具有不确定性。限于数据原因，在情景模拟中，未能将气候变化的影响加入其中，研究结果存在一定的不确定性，生态系统服务变化未能剔除气候变化的影响。下一步，需要加强对气候变化的预测模拟，将气候变化的变量纳入到模型中来，进一步提高预测的科学性。

第三，需要加强黄河流域的水资源对东营市的影响研究。本研究选取的研究区域属于典型的海陆交汇地带，土地盐渍化严重，生态系统脆弱。东营市是我国东部沿海耕地后备资源最多的地区之一，是山东省耕地补充的重要来源之一。与此同时，东营市的淡水资源比较依赖黄河客水资源。虽然评估显示，部分地区耕地开垦能够在一定程度上提升生境质量，但是耕地开垦的阈值是多少，该地区水资源的承载力是多少，需要进一步结合黄河流域的水资源量进行研究。

第四，加强对生态系统服务利益相关者决策偏好的研究。利益相关者权衡是指一些利益相关者获得的收益是以其他相关者的损失作为代价，也是生态系统服务权衡的一种类型。在水资源短缺的背景下，生态用水、农业灌溉用水、工业用水，分别代表了不同的利益相关者。随着国家更加强调生态文明建设，未来会不会发生生态用水和农业灌溉用水或工业用水的权衡和竞争，有待于未来继续拓展研究的维度。因此，未来需要对利益相关者权衡进行研究，实现对生态系统服务的进一步调控。

参考文献

[1] Costanza R, de Groot R, Sutton S, et al. Changes in the global value of eco-system services [J]. Global Environmental Change, 2014 (26): 152 – 158.

[2] Cui Z, Xu Y, Gao J, et al. Land use change and its ecosystem service value evaluation in Oasis of JiuquanJinta Basin [J]. Bulletin of Soil and Water Con-servation, 2014, 34 (1): 252 – 257, 272.

[3] Cumming G S, Buerkert A, Ellen M, et al. Implications of agricultural transi-tions and urbanization for ecosystem services [J]. Nature, 2014, 515 (7525): 50 – 57.

[4] Daily G C, Polasky S, Goldstein J, et al. Ecosystem services in decision mak-ing: time to deliver [J]. Frontiers in Ecology and the Environment, 2009, 7 (1): 21 – 28.

[5] Daily G C, Matson P A. Ecosystem services: from theory to implementation [J]. Proceedings of the National Academy of Sciences of the United States of America, 2008, 105 (28): 9455 – 9456.

[6] Daily G C. Nature's Services: Societal Dependence on Natural Ecosystems [M]. Washington, D. C.: Island Press, 1997.

[7] Danley B, Widmark C. Evaluating conceptual definitions of ecosystem services and their implications [J]. Ecological Economics, 2016 (126): 132 – 138.

[8] De Groot R S, Alkemade R, Braat L, et al. Challenges in integrating the con-cept of ecosystem services and values in landscape planning, management and

decision making [J]. Ecological Complexity, 2010, 7 (3): 260 - 272.

[9] De Groot R S, Wilson M A. Boumans, R M J. A typology for the classification, description and valuation of ecosystem function, goods and services [J]. Ecological Economics, 2002 (41): 393 - 408.

[10] Deng X, Li Z, Gibson J. A review on trade-off analysis of ecosystem services for sustainable land-use management [J]. Journal of Geographical Sciences, 2016, 26 (7): 953 - 968.

[11] Díaz S, Quétier F, Cáceres D M, et al. Linking functional diversity and social actor strategies in a framework for interdisciplinary analysis of nature's benefits to society [J]. Proceedings of the National Academy of Sciences, 2011, 108 (3): 895 - 902.

[12] Diaz S, Quetier F, Caceres D M. Linking functional diversity and social actor strategies in a framework for interdisciplinary analysis of nature's benefits to society [J]. Proc Natl Acad Sci USA, 2011, 108 (3): 895 - 902.

[13] Egoh B, Reyers B, Rouget M, et al. Mapping ecosystem services for planning and management [J]. Agriculture, Ecosystems & Environment, 2008, 127 (1 - 2): 135 - 140.

[14] Farley, Joshua. Ecosystem services: the economics debate [J]. Ecosystem Services, 2012, 1 (1): 40 - 49.

[15] Felipe-Lucia M R, Martin-Lopez B, Lavorel S, et al. Ecosystem services flows: why stakeholders' power relationships matter [J]. Plos One, 2015, 10 (7): e0132232.

[16] Feng Q, Zhao W, Fu B, et al. Ecosystem service trade-offs and their influencing factors: a case study in the Loess Plateau of China [J]. Science of the Total Environment, 2017 (607): 1250 - 1263.

[17] Firbank L, Bradbury R B, McCracken D I, et al. Delivering multiple ecosystem services from Enclosed Farmland in the UK [J]. Agriculture, Ecosystems & Environment, 2013 (166): 65 - 75.

［18］Fish，R. D. Environmental decision making and an ecosystems approach: some challenges from the perspective of socialscience ［J］. Progress in Physical Geography，2011，35（5）：671-680.

［19］Fisher B，Turner R K，Morling P. Defining and classifying ecosystem services for decision making ［J］. Ecological Economics，2009（68）：643-653.

［20］Foley J A，DeFries R，Asner G P，et al. Global consequences of land use ［J］. American Association for the Advancement of Science，2005（309）：5734.

［21］Ford H，Garbutt A，Jones D L，et al. Impacts of grazing abandonment on ecosystem service provision: coastal grassland as a model system ［J］. Agriculture，Ecosystems & Environment，2012（162）：108-115.

［22］Forman R T T，Sperling D，Bissonette J A，et al. Road ecology: science and solutions ［M］. Washington，D. C. : Island press，2003.

［23］Fu B，Wang S，Su C，et al. Linking ecosystem processes and ecosystem services ［J］. Current Opinion in Environmental Sustainability，2013，5（1）：4-10.

［24］Fu B，Zhang L，Xu Z，et al. Ecosystem services in changing land use ［J］. Journal of Soils & Sediments，2015，15（4）：833-843.

［25］Gao J，Li F，Gao H，et al. The impact of land-use change on water-related ecosystem services: astudy of the Guishui River Basin，Beijing，China ［J］. Journal of Cleaner Production，2017（163）：S148-S155.

［26］Garcia A M，Sant I，Loureiro X，et al. Green infrastructure spatial planning considering ecosystem services assessment and trade-off analysis. Application at landscape scale in Galicia region（NW Spain）［J］. Ecosystem Services，2020（43）：101115.

［27］García-Llorente M，Iniesta-Arandia I，Willaarts B A，et al. Biophysical and sociocultural factors underlying spatial trade-offs of ecosystem services in semi-aridwatersheds ［J］. Ecology and Society，2015，20（3）：39.

［28］GLP（Global Land Project）. Science Plan and Implementation Strategy ［J］.

Environmental Policy Collection, 2009, 20 (11): 1262 – 1268.

[29] Goldstein J H, Caldarone G, Duarte T K, et al. Integrating ecosystem-service tradeoffs into land-use decisions [J]. Proc Natl Acad Sci USA, 2012, 109 (19): 7565 – 7570.

[30] Grêt-Regamey A, Altwegg J, Sirén E A, et al. Integrating ecosystem services into spatial planning: a spatial decision support tool [J]. Landscape and Urban Planning, 2017 (165): 206 – 219.

[31] Guerry A D, Polasky S, Lubchenco J, et al. Natural capital and ecosystem services informing decisions: from promise to practice [J]. Proc Natl Acad Sci USA, 2015, 112 (24): 7348 – 7355.

[32] Haines-Young R, Potschin M, Kienast F. Indicators of ecosystem service potential at European scales: mapping marginal changes and trade-offs [J]. Ecological Indicators, 2012 (21): 39 – 53.

[33] Hall L S, Krausman P R, Morrison M L. The habitat concept and a plea for standard terminology [J]. Wildlife Society Bulletin, 1997, 25 (1): 173 – 182.

[34] Haunreiter E, Cameron D. Mapping Ecosystem Ser-vices in the Sierra Nevada, California [EB/OL]. http://invest. ecoinformatics. org/shared/sn_ecosystem_services_poster_09_2008. pdf/.

[35] He J, Huang J, Li C. The evaluation for the impact of land use change on habitat quality: a joint contribution of cellular automata scenario simulation and habitat quality assessment model [J]. Ecological Modelling, 2017 (366): 58 – 67.

[36] Hein L, van Koppen K, De Groot R S, et al. Spatial scales, stakeholders and the valuation of ecosystem services [J]. Ecological Economics, 2006, 57 (2): 209 – 228.

[37] Holling C S, Meffe G K. Command and control and the pathology of natural resource management [J]. Conservation Biology, 1996, 10 (2): 328 – 337.

[38] Howe C, Suich H, Vira B, et al. Creating win-wins from trade-offs? Ecosys-

tem services for human well-being: a meta-analysis of ecosystem service trade-offs and synergies in the real world [J]. Global Environmental Change, 2014 (28): 263 – 275.

[39] Hu W, Li G, Gao Z, et al. Assessment of the impact of the Poplar Ecological Retreat Project on water conservation in the Dongting Lake wetland region using the InVEST model [J]. The Science of the Total Environment, 2020 (733): 139423.

[40] Huang C W, McDonald R I, Seto K C. The importance of land governance for biodiversity conservation in an era of global urban expansion [J]. Landscape and Urban Planning, 2018a (173): 44 – 50.

[41] Huang L, Cao W, Xu X, et al. Linking the benefits of ecosystem services to sustainable spatial planning of ecological conservation strategies [J]. Journal of Environmental Management, 2018b (222): 385 – 395.

[42] Jarvis P G. Scaling processes and problems [J]. Plant, Cell and Environment, 1995, 18 (10): 1079 – 1089.

[43] Jessop J, Spyreas G, Pociask G E, et al. Tradeoffs among ecosystem services in restored wetlands [J]. Biological Conservation, 2015 (191): 341 – 348.

[44] Jia X, Fu B, Feng X, et al. The tradeoff and synergy between ecosystem services in the Grain-for-Green areas in Northern Shaanxi, China [J]. Ecological Indicators, 2014 (43): 103 – 113.

[45] Jiang W G, Deng Y, Tang Z H, et al. Modelling the potential impacts of urban ecosystem changes on carbon storage under different scenarios by linking the CLUE-S and the InVEST models [J]. Ecological Modelling, 2017 (345): 30 – 40.

[46] Jin G, Chen K, Wang P, et al. Trade-offs in land-use competition and sustainable land development in the North China Plain [J]. Technological Forecasting and Social Change, 2019 (141): 36 – 46.

[47] Johnson J A, Runge C F, Senauer B, et al. Global agriculture and carbon trade-

offs [J]. Proc Natl Acad Sci USA, 2014, 111 (34): 12342 - 12347.

[48] Kang H, Seely B, Wang G, et al. Evaluating management tradeoffs between economic fiber production and other ecosystem services in a Chinese-firdominated forest plantation in Fujian Province [J]. Science of the Total Environment, 2016 (557): 80 - 90.

[49] Kindu M, Schneider T, Teketay D, et al. Changes of ecosystem service values in response to land use/land cover dynamics in Munessa-Shashemene landscape of the Ethiopian highlands [J]. Science of the Total Environment, 2016 (547): 137 - 147.

[50] Klaus V H, Kleinebecker T, Busch V, et al. Land use intensity, rather than plant species richness, affects the leaching risk of multiple nutrients from permanent grasslands [J]. Global Change Biology, 2018 (24): 2828 - 2840.

[51] Kozak J, Lant C, Shaikh S, et al. The geography of ecosystem service value: the case of the Des Plaines and Cache River wetlands, Illinois [J]. Applied Geography, 2011, 31 (1): 303 - 311.

[52] Kroll F, Müller F, Haase D, et al. Rural-urban gradient analysis of ecosystem services supply and demand dynamics [J]. Land Use Policy, 2012, 29 (3): 521 - 535.

[53] Lam S T, Conway T M. Ecosystem services in urban land use planning policies: a case study of Ontario municipalities [J]. Land Use Policy, 2018 (77): 641 - 651.

[54] Lawler J J, Lewis D J, Nelson E, et al. Projected land-use change impacts on ecosystem services in the United States [J]. Proceedings of the National Academy of Sciences, 2014, 111 (20): 7492 - 7497.

[55] Le Maitre D C, Milton S J, Jarmain C, et al. Linking ecosystem services and water resources: landscape-scale hydrology of the Little Karoo [J]. Frontiers in Ecology and the Environment, 2007, 5 (5): 261 - 270.

[56] Leh M D K, Matlock M D, Cummings E C, et al. Quantifying and mapping

multiple ecosystem services change in West Africa [J]. Agriculture, Ecosystems & Environment, 2013 (165): 6 – 18.

[57] Lerouge F, Gulinck H, Vranken L. Valuing ecosystem services to explore scenarios for adaptive spatial planning [J]. Ecological Indicators, 2017 (81): 30 – 40.

[58] Lester S E, Costello C, Halpern B S, et al. Evaluating tradeoffs among ecosystem services to inform marine spatial planning [J]. Marine Policy, 2013, 38 (1): 80 – 89.

[59] Li C, Zheng H, Li S, et al. Impacts of conservation and human development policy across stakeholders and scales [J]. Proceedings of the National Academy of Science USA, 2015, 112 (24), 7396 – 7401.

[60] Li F, Zhang S W, Yang J C, et al. Effects of land use change on ecosystem services value in West Jilin since the reform and opening of China [J]. Ecosystem Services, 2018 (31): 12 – 20.

[61] Li J Y, Gong J, Guldmann J M, et al. Carbon Dynamics in the Northeastern Qinghai-Tibetan Plateau from 1990 to 2030 Using Landsat Land Use/Cover Change Data [J]. Remote Sensing, 2020a, 12 (3): 22.

[62] Li X, Chen Y M. Projecting the future impacts of China's cropland balancepolicy on ecosystem services under the shared socioeconomic pathways [J]. Journal of Cleaner Production, 2020 (250): 119489.

[63] Li Z, Deng X, Jin G, et al. Tradeoffs between agricultural production and ecosystem services: a case study in Zhangye, Northwest China [J]. Science of The Total Environment, 2020 (707): 136032.

[64] Liang X, Liu X P, Li X, et al. Delineating multi-scenario urban growth boundaries with a CA-based FLUS model and morphological method [J]. Landscape and Urban Planning, 2018 (177): 47 – 63.

[65] Lilburne L, Eger A, Mudge P, et al. The Land Resource Circle: supporting land-use decision making with an ecosystem-service-based framework of soil

functions [J]. Geoderma, 2020 (363): 114134.

[66] Lin W B, Sun Y M, Nijhuis S, et al. Scenario-based flood risk assessment for urbanizing deltas using future land-use simulation (FLUS): Guangzhou Metropolitan Area as a case study [J]. Science of the Total Environment, 2020 (739): 139899.

[67] Liu G, Yang Z, Chen B. Emergy-based Ecological Economic Evaluation of Beijing Urban Ecosystem [J]. Procedia Environmental Sciences, 2011, 5 (3): 18 – 24.

[68] Liu H, Zheng L, Wu J, et al. Past and future ecosystem service trade-offs in Poyang Lake Basin under different land use policy scenarios [J]. Arabian Journal of Geosciences, 2020, 13 (2): 46.

[69] Liu J G, Li S X, Ouyang Z Y, et al. Ecological and socioeconomic effects of China' s policies for ecosystem services [J]. Proceedings of the National academy of Sciences of the United States of America, 2008, 105 (28): 9477 – 9482.

[70] Liu W, Zhan J, Zhao F, et al. Impacts of urbanization-induced land-use changes on ecosystem services: a case study of the Pearl River Delta Metropolitan Region, China [J]. Ecological Indicators, 2019 (98): 228 – 238.

[71] Liu X P, Liang X, Li X, et al. A future land use simulation model (FLUS) for simulating multiple land use scenarios by coupling human and natural effects [J]. Landscape and Urban Planning, 2017 (168): 94 – 116.

[72] Lu Y, Jenkins A, Ferrier R C, et al. Addressing China's Grand Challenge of Achieving Food Security Whilst Ensuring Environmental Sustainability [J]. Science Advances, 2015a (1): 1400039.

[73] Lu Y, Nakicenovic N, Visbeck M, et al. Five priorities for the UN Sustainable Development Goals [J]. Nature, 2015b (520): 432 – 433.

[74] MA (Millennium Ecosystem Assessment). Millennium Ecosystem Assessment Synthesis Report [M]. Washington, D. C. : Island Press, 2005.

[75] Mach M E, Martone R G, Chan K M A. Human impacts and ecosystem serv ices: insufficient research for trade-off evaluation [J]. Ecosystem Services, 2015 (16): 112-120.

[76] Maes J, Egoh B, Willemen L, et al. Mapping ecosystem services for policy support and decision making in the European Union [J]. Ecosystem Services, 2012a, 1 (1): 31-39.

[77] Maes J, Paracchini M. L, Zulian G, et al. Synergies and trade-offs between ecosystem service supply, biodiversity, and habitat conservation status in Europe [J]. Biological Conservation, 2012b (155).

[78] Mascarenhas A, Ramos T B, Haase D, et al. Integration of ecosystem services in spatial planning: a survey on regional planners' views [J]. Landscape Ecology, 2014, 29 (8): 1287-1300.

[79] McKinney M L. Urbanization, Biodiversity, and Conservation: the impacts of urbanization on native species are poorly studied, but educating a highly urbanized human population about these impacts can greatly improve species conservation in all ecosystems [J]. Bioscience, 2002, 52 (10): 883-890.

[80] McShane T O, Hirsch P D, Trung T C, et al. Hard choices: making trade-offs between biodiversity conservation and human well-being [J]. Biol. Conserv, 2011, 144 (3), 966-972.

[81] Msofe N K, Sheng L X, Li Z X, et al. Impact of land use/cover change on ecosystem service values in the Kilombero Valley Floodplain, Southeastern Tanzania [J]. Forests, 2020, 11 (1).

[82] Muradian R, Arsel M, Pellegrini L, et al. Payments for ecosystem services and the fatal attraction of win-win solutions [J]. Conserv, 2013 (6): 274-279.

[83] Naeem S, Thompson L J, Lawler S P, et al. Declining biodiversity can alter the performance of ecosystems [J]. Nature, 1994, 368 (6473): 734-737.

[84] Nelson E, Mendoza G, Regetz J, et al. Modeling multiple ecosystem services,

biodiversity conservation, commodity production, and tradeoffs at landscape scales [J]. Frontiers in Ecology and the Environment, 2009, 7 (1): 4-11.

[85] Nguyen M D, Ancev T, Randall A. Forest governance and economic values of forest ecosystem services in Vietnam [J]. Land Use Policy, 2018 (97): 103297.

[86] Nguyen T T, Ngo H H, Guo W, et al. Implementation of a specific urban water management-Sponge City [J]. Science of the Total Environment, 2019 (652): 147-162.

[87] Odum H. T. , Environment Accounting: Emergy and Environmental Decision Making [M]. New York: John Wiley&Soons, 1996: 20-50.

[88] Olander L, Maltby L. Mainstreaming ecosystem services into decision making [J]. Frontiers in Ecology and the Environment, 2014, 12 (10): 539.

[89] Onaindia M, Fernández de Manuel, Beatriz, Madariaga I, et al. Co-benefits and trade-offs between biodiversity, carbon storage and water flow regulation [J]. Forest Ecology and Management, 2013 (289): 1-9.

[90] Ouyang Z, Zheng H, Xiao Y, et al. Improvements in ecosystem services from investments in natural capital [J]. Science, 2016, 352 (6292): 1455-1459.

[91] Pan Y, Wu J, Xu Z. Analysis of the tradeoffs between provisioning and regulating services from the perspective of varied share of net primary production in an alpine grassland ecosystem [J]. Ecological Complexity, 2014 (17): 79-86.

[92] Pan Y, Xu Z, Wu J. Spatial differences of the supply of multiple ecosystem services and the environmental and land use factors affecting them [J]. Ecosystem Services, 2013 (5): 4-10.

[93] Pattanayak S K. Valuing watershed services: concepts and empirics from southeast Asia [J]. Agriculture, Ecosystems & Environment, 2004, 104 (1): 171-184.

[94] Pedersen E, Weisner S E B, Johansson M. Wetland areas' direct contributions to residents' well-being entitle them to high cultural ecosystem values [J].

Science of the Total Environment，2019（646）：1315-1326.

[95] Peh K S H，Balmford A，Bradbury R B，et al. TESSA：a toolkit for rapid assessment of ecosystem services at sites of biodiversity conservation importance [J]. Ecosystem Services，2013（5）：51-57.

[96] Peng J，Hu X X，Wang X Y，et al. Simulating the impact of Grain-for-Green Programme on ecosystem services trade-offs in Northwestern Yunnan，China [J]. Ecosystem Services，2019（39）：100998.

[97] Petz K，Alkemade R，Bakkenes M，et al. Mapping and modelling trade-offs and synergies between grazing intensity and ecosystem services in rangelands using global-scale datasets and models [J]. Global Environmental Change，2014（29）：223-234.

[98] Polasky S，Nelson E，Pennington D，et al. The impact of land-use change on ecosystem services，biodiversity and returns to landowners：a case study in the state of Minnesota [J]. Environmental and Resource Economics，2011，48（2）：219-242.

[99] Power A G. Ecosystem services and agriculture：tradeoffs and synergies [J]. Philos Trans R Soc Lond B Biol Sci，2010，365（1554）：2959-2971.

[100] Qiu J，Turner M G. Spatial interactions among ecosystem services in an urbanizing agricultural watershed [J]. Proc Natl Acad Sci USA，2013，110（29）：12149-12154.

[101] Renard D，Rhemtulla J M，Bennett E M. Historical dynamics in ecosystem service bundles [J]. Proceedings of the National Academy of Sciences，2015（2）：565.

[102] Van Riper C J，Kyle G T，Sutton S G，et al. Mapping outdoor recreationists' perceived social values for ecosystem services at Hinchinbrook Island National Park，Australia [J]. Appl. Geogr. 2012，35（1），164-173.

[103] Rodriguez J P，Beard T D，Bennett E M，et al. Trade-offs across space，time，and ecosystem services [J]. Ecology and Society，2006（11）：28-41.

[104] Rodríguez, J. P. , Beard Jr. , T. D. , Bennett, E. M. , et al. Trade-offs across space, time, and ecosystem services [J]. Ecology and Society, 2006, 11 (1): 709 - 723.

[105] Ruiz-Frau A, Krause T, Marba N. In the blind-spot of governance- Stakeholder perceptions on seagrasses to guide the management of an important ecosystem services provider [J]. Science of the Total Environment, 2019 (688): 1081 - 1091.

[106] RukundoE, Liu S, Dong Y, et al. Spatio-temporal dynamics of critical ecosystem services in response to agricultural expansion in Rwanda, East Africa [J]. Ecological Indicators, 2018 (89): 696 - 705.

[107] Rukundo E, Liu S, Dong Y, et al. Spatio-temporal dynamics of critical ecosystem services in response to agricultural expansion in Rwanda, East Africa [J]. Ecological Indicators, 2018 (89): 696 - 705.

[108] Sanon S, Hein T, Douven W, et al. Quantifying ecosystem service trade-offs: the case of an urban floodplain in Vienna, Austria [J]. Journal of Environmental Management, 2012 (111): 159 - 172.

[109] Santoso E B, Aulia B U, Ghozali A. Concept of Carrying Capacity: challenges in Spatial Planning (Case Study of East Java Province, Indonesia) [J]. Procedia- Social and Behavioral Sciences, 2014 (135): 130 - 135.

[110] Schaefer M, Goldman E, Bartuska A M, et al. Nature as capital: advancing and incorporating ecosystem services in UnitedStates federal policies and programs [J]. Proceedings of the National Academy of Sciences of the United States of America, 2015, 112 (24), 7383 - 7389.

[111] Schroder S A, Tóth Sándor F, Deal R L, et al. Multi-objective optimization to evaluate tradeoffs among forest ecosystem services following fire hazard reduction in the Deschutes National Forest, USA [J]. Ecosystem Services, 2016: S2212041616302157.

[112] Schroter D. Ecosystem service supply and vulnerability to global change in

Europe [J]. Science (Washington, D. C.), 2005, 310 (5752): 1333 – 1337.

[113] Schulp C J E, Levers C, Kuemmerle T, et al. Mapping and modelling past and future land use change in Europe's cultural landscapes [J]. Land Use Policy, 2019 (80): 332 – 344.

[114] Sharps K, Masante D, Thomas A, et al. Comparing strengths and weaknesses of three ecosystem services modelling tools in a diverse UK river catchment [J]. Science of the Total Environment, 2017 (584): 118 – 130.

[115] Sherrouse B C, Semmens D J, Clement J M. An application of Social Values for Ecosystem Services (SolVES) to three national forests in Colorado and Wyoming [J]. Ecological Indicators, 2014 (36): 68 – 79.

[116] Shi Y, Wang R S, Huang J L, et al. An analysis of the spatial and temporal changes in Chinese terrestrial ecosystem service functions [J]. Chinese Science Bulletin, 2012, 57 (17): 2120 – 2131.

[117] Silvestri S, Kershaw F. Framing the flow: innovative approaches to understand, protect and value ecosystem services across linked habitats [J]. Environmental Policy Collection, 2010.

[118] Song S, Liu Z, He C, et al. Evaluating the effects ofurban expansion on natural habitat quality by coupling localized shared socioeconomic pathways and the land use scenario dynamics-urban model [J]. Ecological Indicators, 2020 (112): 106071.

[119] Steger C, Hirsch S, Evers C, et al. Ecosystem services as boundary objects for transdisciplinary collaboration [J]. Ecological Economics, 2018 (143): 153 – 160.

[120] Su C, Fu B. Evolution of ecosystem services in the Chinese Loess Plateau under climatic and land use changes [J]. Global and Planetary Change, 2013 (101): 119 – 128.

[121] Su S, Xiao R, Jiang Z, et al. Characterizing landscape pattern and ecosys-

tem service value changes for urbanization impacts at an eco-regional scale [J]. Applied Geography, 2012 (34): 295 – 305.

[122] Summers J K, Smith L M, Case J L, et al. A review of the elements of human well-being with an emphasis on the contribution of ecosystem services [J]. Ambio, 2012, 41 (4): 327 – 340.

[123] Sun F, Xiang J, Tao Y, et al. Mapping the social values for ecosystem services in urban green spaces: integrating a visitor-employed photography method into SolVES [J]. Urban Forestry & Urban Greening, 2019 (38): 105 – 113.

[124] Sun X, Crittenden J C, Li F, et al. Urban expansion simulation and the spatio-temporal changes of ecosystem services, a case study in Atlanta Metropolitan area, USA [J]. Science of the Total Environment, 2018, 622 – 623: 974.

[125] Sun X, Li F. Spatiotemporal assessment and trade-offs of multiple ecosystem services based on land use changes in Zengcheng, China [J]. Science of the Total Environment, 2017 (609): 1569 – 1581.

[126] Sun X, Tang H J, Yang P, et al. Spatiotemporal patterns and drivers of ecosystem service supply and demand across the conterminous United States: a multiscale analysis [J]. Science of the Total Environment, 2020 (703).

[127] Swinton S M, Lupi F, Robertson G P, et al. Ecosystem services and agriculture: cultivating agricultural ecosystems for diverse benefits [J]. Ecological Economics, 2007, 64 (2): 245 – 252.

[128] Tallis H, Kareiva P, Marvier M, et al. An ecosystem services framework to support both practical conservation and economic development [J]. Proceedings of the National Academy of Sciences of the United States of America, 2008, 105 (28): 9457 – 9464.

[129] Terrado M, Sabater S, Chaplin-Kramer B, et al. Model development for the assessment of terrestrial and aquatic habitat quality in conservation planning [J]. Science of the Total Environment, 2016 (540): 63 – 70.

[130] Tian Y, Wang S, Bai X, et al. Trade-offs among ecosystem services in a typ ical Karst watershed, SW China [J]. Science of the Total Environment, 2016, 566 - 567 (oct. 1): 1297 - 1308.

[131] Tilley D R, Brown M T. Dynamic emergy accounting for assessing the environmental benefits of subtropical wetland stormwater management systems [J]. Ecological Modelling, 2006, 192 (3 - 4): 327 - 361.

[132] Tilman D, Cassman K G, Matson P A, et al. Agricultural sustainability and intensive production practices [J]. Nature, 2002, 418 (6898): 671.

[133] Tolessa T, Senbeta F, Kidane M. The impact of land use/land cover change on ecosystem services in the central highlands of Ethiopia [J]. Ecosystem Services, 2017 (23): 47 - 54.

[134] Tscharntke T, Klein A M, Kruess A, et al. Landscape perspectives on agricultural intensification and biodiversity-ecosystem service management [J]. Ecology letters, 2005, 8 (8): 857 - 874.

[135] Turkelboom F, Leone M, Jacobs S, et al. When we cannot have it all: ecosystem services trade-offs in the context of spatial planning [J]. Ecosystem Services, 2018 (29): 566 - 578.

[136] Turner W R, Katrina B, Brooks T M, et al. Global Conservation of Biodiversity and Ecosystem Services [J]. Bioence, 2007, (10): 868 - 873.

[137] Department of Economic and Social Affairs, Population Division. World urbanization prospects: the 2011 revision [M]. New York: UN, 2012.

[138] Vane-Wright R I, Humphries C, Williams P. What to protect?: systematics and the agony of choice [J]. Biol. Conserv, 1991, 55 (3), 235 - 254.

[139] Vauhkonen J, Ruotsalainen R. Assessing the provisioning potential of ecosystem services in a Scandinavian boreal forest: suitability and tradeoff analyses on grid-based wall-to-wall forest inventory data [J]. Forest Ecology and Management, 2017 (389): 272 - 284.

[140] Vermaat J E, Wagtendonk A J, Brouwer R, et al. Assessing the societal

benefits of river restoration using the ecosystem services approach [J]. Hydrobiologia, 2016, 769 (1): 121 – 135.

[141] Wang C, Zhang S, Yan W, et al. Evaluating renewable natural resources flow and net primary productivity with a GIS-Emergy approach: a case study of Hokkaido, Japan [J]. Rep, 2016 (6): 37552.

[142] Wang Y, Liu M, Guo Y, et al. Estimation on ecosystem service value in ecological environment support areas of Hebei Province [J]. Bulletin of Soil and Water Conservation, 2019, 39 (2): 309 – 316.

[143] Watanabe M D B, Ortega E. Dynamic emergy accounting of water and carbon ecosystem services: a model to simulate the impacts of land-use change [J]. Ecological Modelling, 2014 (271): 113 – 131.

[144] Wei C, DanW, Lin H, et al. Spatial and temporal variations and significance identification of ecosystem services in the Sanjiangyuan National Park, China [J]. Scientific Reports, 2020, 10 (1).

[145] Willemen L, Hein L, Mensvoort M E F V, et al. Space for people, plants, and livestock? Quantifying interactions among multiple landscape functions in a Dutch rural region [J]. Ecological Indicators, 2010, 10 (1): 0 – 73.

[146] Wilson E O. The Diversity of Life [M]. New York: Norton, 1992.

[147] Wu J, Zhao Y, Yu C, et al. Land management influences trade-offs and the total supply of ecosystem services in alpine grassland in Tibet, China [J]. Journal of Environmental Management, 2017a (193): 70 – 78.

[148] Wu Y, Shan L, Guo Z, et al. Cultivated land protection policies in China facing 2030: dynamic balance system versus basic farmland zoning [J]. Habitat International, 2017b (69): 126 – 138.

[149] Xu X, Jiang B, Tan Y, et al. Lake-wetland ecosystem services modeling and valuation: progress, gaps and future directions [J]. Ecosystem Services, 2018a (33): 19 – 28.

[150] Xu X, Yang G, Tan Y, et al. Ecosystem services trade-offs and determi-

nants in China's Yangtze River Economic Belt from 2000 to 2015 [J]. Science of the Total Environment, 2018b (634): 1601 – 1614.

[151] Yan F, Zhang S. Ecosystem service decline in response to wetland loss in the Sanjiang Plain, Northeast China [J]. Ecological Engineering, 2019 (130): 117 – 121.

[152] Yang D, Liu W, Tang L Y, et al. Estimation of water provision service for monsoon catchments of South China: applicability of the InVEST model [J]. Landscape and Urban Planning, 2019 (182): 133 – 143.

[153] Yang S, Zhao W, Liu Y, et al. Influence of land use change on the ecosystem service trade-offs in the ecological restoration area: dynamics and scenarios in the Yanhe watershed, China [J]. Science of the Total Environment, 2018a (644): 556 – 566.

[154] Yang W, Jin Y, Sun T, et al. Trade-offs among ecosystem services in coastal wetlands under the effects of reclamation activities [J]. Ecological Indicators, 2018b (92): 354 – 366.

[155] Yang Y J, Song G, Lu S. Study on the ecological protection redline (EPR) demarcation process and the ecosystem service value (ESV) of the EPR zone: a case study on the city of Qiqihaer in China [J]. Ecological Indicators, 2020 (109).

[156] Zhan J, Zhang F, Chu X, et al. Ecosystem services assessment based on emergy accounting in Chongming Island, Eastern China [J]. Ecological Indicators, 2019 (105): 464 – 473.

[157] Zhang J, Wang Y, Wang C, et al. Quantifying the emergy flow of an urban complex and the ecological services of a satellite town: a case study of Zengcheng, China [J]. Journal of Cleaner Production, 2017 (163): S267 – S276.

[158] Zhang Y, Liu Y, Zhang Y, et al. On the spatial relationship between ecosystem services and urbanization: a case study in Wuhan, China [J]. Sci-

ence of the Total Environment, 2018, 637 - 638: 780.

[159] Zhang Z F, Zhao W, Gu X K. Changes resulting from a land consolidation project (LCP) and its resource-environment effects: a case study in Tianmen City of Hubei Province, China [J]. Land Use Policy, 2014 (40): 74 - 82.

[160] Zhang Z P, Xia F Q, Yang D G, et al. Spatiotemporal characteristics in ecosystem service value and its interaction with human activities in Xinjiang, China [J]. Ecological Indicators, 2020 (110).

[161] Zhao L L, Fan X C. Effects of land use changes on ecosystem service values: a case study in Guilin, China [J]. Polish Journal of Environmental Studies, 2020, 29 (2): 1483 - 1491.

[162] Zhao W Z, Han Z L, Yan X L, et al. Land use management based on multi-scenario allocation and trade-offs of ecosystem services in Wafangdian County, Liaoning Province, China [J]. Peerj, 2019 (7).

[163] Zheng H, Wang L, Peng W, et al. Realizing the values of natural capital for inclusive, sustainable development: informing China's new ecological development strategy [J]. Proceedings of the National Academy of Sciences, 2019a, 116 (17): 8623 - 8628.

[164] Zheng W W, Ke X L, Zhong T, et al. Trade-offs between cropland quality and ecosystem services of marginal compensated cropland: a case study in Wuhan, China [J]. Ecological Indicators, 2019b, 105: 613 - 620.

[165] Zhou M M, Deng J S, Lin Y, et al. Identifying the effects of land use change on sediment export: integrating sediment source and sediment delivery in the Qiantang River Basin, China [J]. Science of the Total Environment, 2019 (686): 38 - 49.

[166] 白春礼. 科技创新引领黄河三角洲农业高质量发展 [J]. 中国科学院院刊, 2020, 35 (2): 138 - 144.

[167] 白杨, 郑华, 庄长伟, 等. 白洋淀流域生态系统服务评估及其调控 [J]. 生态学报, 2013, 33 (3): 711 - 717.

[168] 白杨. 基于生态系统服务的区域土地利用管理调控：以浙江省万全镇为例 [J]. 应用生态学报, 2012, 23 (6): 1641-1648.

[169] 包玉斌, 李婷, 柳辉, 等. 基于 InVEST 模型的陕北黄土高原水源涵养功能时空变化 [J]. 地理研究, 2016, 35 (4): 664-676.

[170] 包玉斌, 刘康, 李婷, 等. 基于 InVEST 模型的土地利用变化对生境的影响：以陕西省黄河湿地自然保护区为例 [J]. 干旱区研究, 2015, 32 (3): 622-629.

[171] 曹宇, 王嘉怡, 李国煜. 国土空间生态修复：概念思辨与理论认知 [J]. 中国土地科学, 2019, 33 (7): 1-10.

[172] 曹月娥, 塔西甫拉提·特依拜, 杨建军, 等. 新疆土地利用总体规划中的区域资源环境承载力分析 [J]. 干旱区资源与环境, 2008, (1): 44-49.

[173] 曾杰, 李江风, 姚小薇. 武汉城市圈生态系统服务价值时空变化特征 [J]. 应用生态学报, 2014, 25 (3): 883-891.

[174] 陈海鹏. 区域生态系统服务权衡研究 [D]. 兰州：兰州交通大学, 2017.

[175] 陈浩. 黄河三角洲核心区域城市化与生态环境耦合与代谢研究 [D]. 济南：山东大学, 2019.

[176] 陈美球, 赵宝苹, 罗志军, 等. 基于 RS 与 GIS 的赣江上游流域生态系统服务价值变化 [J]. 生态学报, 2013, 33 (9): 2761-2767.

[177] 陈燕飞, 杜鹏飞, 郑筱津, 等. 基于 GIS 的南宁市建设用地生态适宜性评价 [J]. 清华大学学报（自然科学版）, 2006 (6): 801-804.

[178] 崔峰. 城市边缘区土地利用变化及其生态环境响应 [D]. 南京：南京农业大学, 2013.

[179] 戴尔阜, 王晓莉, 朱建佳, 等. 生态系统服务权衡：方法、模型与研究框架 [J]. 地理研究, 2016, 35 (6): 1005-1016.

[180] 戴尔阜, 王晓莉, 朱建佳, 等. 生态系统服务权衡/协同研究进展与趋势展望 [J]. 地球科学进展, 2015, 30 (11): 1250-1259.

[181] 邓红蒂, 李宏, 王恒, 等. 土地利用总体规划评估制度建设研究 [J]. 中国土地科学, 2012, 7: 4-9.

［182］邓元杰，姚顺波，侯孟阳，等．退耕还林还草工程对生态系统碳储存服务
        的影响：以黄土高原丘陵沟壑区子长县为例［J］．自然资源学报，2020，
        35（4）：826‐844．

［183］董红云，朱振林，李新华，等．山东省盐碱地分布、改良利用现状与治理
        成效潜力分析［J］．山东农业科学，2017，49（5）：134‐139．

［184］范晓梅，刘高焕，唐志鹏，等．黄河三角洲土壤盐渍化影响因素分析［J］.
        水土保持学报．2010，24（1）：139‐144．

［185］冯应斌，何春燕，杨庆媛，等．利用生态系统服务价值评估土地利用规划
        生态效应（英文）［J］．农业工程学报，2014，30（9）：201‐211．

［186］傅伯杰，于丹丹．生态系统服务权衡与集成方法［J］．资源科学，2016，
        38（1）：1‐9．

［187］傅伯杰，张立伟．土地利用变化与生态系统服务：概念、方法与进展［J］.
        地理科学进展，2014，33（4）：441‐446．

［188］傅伯杰．生态系统服务与生态安全［M］．北京：高等教育出版社，2013．

［189］顾羊羊．太湖流域生态系统服务时空权衡与协同效应分析［D］．焦作：河
        南理工大学，2017．

［190］管青春，郝晋珉，石雪洁，等．中国生态用地及生态系统服务价值变化研
        究［J］．自然资源学报，2018，33（2）：195‐207．

［191］管青春．面向国土空间规划的生态系统服务可持续性评估框架研究［J］.
        上海城市规划，2020，（1）：23‐28．

［192］郝梦雅，任志远，孙艺杰，等．关中盆地生态系统服务的权衡与协同关系
        动态分析［J］．地理研究，2017，36（3）：592‐602．

［193］何莎莎，朱文博，崔耀平，等．基于 InVEST 模型的太行山淇河流域土壤
        侵蚀特征研究［J］．长江流域资源与环境，2019，28（2）：426‐439．

［194］侯红艳，戴尔阜，张明庆．InVEST 模型应用研究进展［J］．首都师范大学
        学报（自然科学版），2018，39（4）：62‐67．

［195］侯淼臻，赵文武，刘焱序．自然衰退"史无前例"，物种灭绝率"加速"：
        IPBES 全球评估报告简述［J］．生态学报，2019，39（18）：6943‐6949．

[196] 黄春波. 基于生态系统服务的三峡库区森林景观调控研究 [D]. 武汉：华中农业大学，2019.

[197] 黄木易，岳文泽，冯少茹，等. 基于 InVEST 模型的皖西大别山区生境质量时空演化及景观格局分析 [J]. 生态学报，2020，40 (9)：2895 - 2906.

[198] 金良. 基于土地利用的草原生态系统服务价值评估 [J]. 生态经济，2011，(8)：145 - 147.

[199] 蓝盛芳，霍华德·欧登，刘新茂. Energy Flow and Emergy Analysis of the Agroecosystems of China [J]. 生态科学，1998 (1)：3 - 5.

[200] 雷军成，刘纪新，雍凡，等. 基于 CLUE-S 和 InVEST 模型的五马河流域生态系统服务多情景评估 [J]. 生态与农村环境学报，2017，33 (12)：1084 - 1093.

[201] 李锋，王如松，赵丹. 基于生态系统服务的城市生态基础设施：现状、问题与展望 [J]. 生态学报，2014，34 (1)：190 - 200.

[202] 李鸿健，任志远，刘焱序，等. 西北河谷盆地生态系统服务的权衡与协同分析：以银川盆地为例 [J]. 中国沙漠，2016，36 (6)：1731 - 1738.

[203] 李慧颖. 基于遥感和 InVEST 模型的辽宁省退耕还林工程生态效应评估 [D]. 长春：吉林大学，2019.

[204] 李嘉译，匡鸿海，王佩佩. 重庆市主城区城市扩张对生态系统服务影响的时空评估 [J]. 长江流域资源与环境，2020，29 (4)：859 - 868.

[205] 李静，朱农，李凤桂，等. 近 10 年黄河三角洲地区粮食产量及灰色预测 [J]. 干旱地区农业研究，2012，30 (5)：15 - 19.

[206] 李龙，吴大放，刘艳艳，等. 基于 CA-Markov 模型的惠州市生态与经济协调度时空演变特征及模拟预测 [J]. 生态与农村环境学报，2020，36 (2)：161 - 170.

[207] 李鹏，姜鲁光，封志明，等. 生态系统服务竞争与协同研究进展 [J]. 生态学报，2012，32 (16)：5219 - 5229.

[208] 李鹏山. 农田系统生态综合评价及功能权衡分析研究 [D]. 北京：中国农业大学，2017.

[209] 李奇，朱建华，肖文发．生物多样性与生态系统服务：关系、权衡与管理
[J]．生态学报，2019，39（8）：2655-2666.

[210] 李双成，刘金龙，张才玉，等．生态系统服务研究动态及地理学研究范式
[J]．地理学报，2011，66（12）：1618-1630.

[211] 李双成，王珏，朱文博，等．基于空间与区域视角的生态系统服务地理学
框架[J]．地理学报，2014，69（11）：1628-1638.

[212] 李双成，谢爱丽，吕春艳，等．土地生态系统服务研究进展及趋势展望
[J]．中国土地科学，2018，32（12）：82-89.

[213] 李双成，张才玉，刘金龙，等．生态系统服务权衡与协同研究进展及地理
学研究议题[J]．地理研究，2013，32（8）：1379-1390.

[214] 李婷婷．基于能值分析的安徽省城市生态系统健康评价[D]．蚌埠：安徽
财经大学，2017.

[215] 李文华．生态系统服务研究是生态系统评估的核心[J]．资源科学，2006，
28（4）：4.

[216] 李晓秀．北京山区生态环境质量评价体系初探[J]．自然资源，1997，
（5）：31-35.

[217] 李屹峰，罗跃初，刘纲，等．土地利用变化对生态系统服务功能的影响：
以密云水库流域为例[J]．生态学报，2013，33（3）：726-736.

[218] 李子君，刘金玉，姜爱霞，等．基于土地利用的祊河流域生态系统服务价
值动态变化[J]．水土保持研究，2020，27（2）：269-275，283.

[219] 林坚，刘松雪，刘诗毅．区域-要素统筹：构建国土空间开发保护制度的关
键[J]．中国土地科学，2018，32（6）：1-7.

[220] 林泉，吴秀芹．生态系统服务冲突及权衡的研究进展[J]．环境科学与技
术，2012，35（6）：100-105.

[221] 刘春芳，王川．基于土地利用变化的黄土丘陵区生境质量时空演变特征：
以榆中县为例[J]．生态学报，2018，38（20）：7300-7311.

[222] 刘春芳，乌亚汗，王川．基于生态服务功能提升的高标准农田建设的分区
方法[J]．农业工程学报，2018，34（15）：264-272，313.

[223] 刘耕源. 生态系统服务功能非货币量核算研究 [J]. 生态学报, 2018, 38 (4): 1487 - 1499.

[224] 刘桂林, 张落成, 张倩. 长三角地区土地利用时空变化对生态系统服务价值的影响 [J]. 生态学报, 2014, 34 (12): 3311 - 3319.

[225] 刘慧明, 高吉喜, 刘晓, 等. 国家重点生态功能区 2010—2015 年生态系统服务价值变化评估 [J]. 生态学报, 2020, 40 (6): 1865 - 1876.

[226] 刘晓娟, 黎夏, 梁迅, 等. 基于 FLUS-InVEST 模型的中国未来土地利用变化及其对碳储量影响的模拟 [J]. 热带地理, 2019, 39 (3): 397 - 409.

[227] 刘新卫, 李景瑜, 赵崔莉. 建设 4 亿亩高标准基本农田的思考与建议 [J]. 中国人口·资源与环境, 2012, 22 (3): 1 - 5.

[228] 刘洋. 生态系统服务之间关系的尺度依赖 [D]. 呼和浩特: 内蒙古大学, 2016.

[229] 刘园, 周勇, 杜越天. 基于 InVEST 模型的长江中游经济带生境质量的时空分异特征及其地形梯度效应 [J]. 长江流域资源与环境, 2019, 28 (10): 2429 - 2440.

[230] 龙精华. 鹤岗矿区生态系统服务评估与权衡研究 [D]. 北京: 中国矿业大学 (北京), 2017.

[231] 吕一河, 陈利顶, 傅伯杰. 景观格局与生态过程的耦合途径分析 [J]. 地理科学进展, 2007 (3): 3 - 12.

[232] 吕永龙, 曹祥会, 王尘辰. 实现城市可持续发展的系统转型 [J]. 生态学报, 2019, 39 (4): 1125 - 1134.

[233] 吕永龙, 王尘辰, 曹祥会. 城市化的生态风险及其管理 [J]. 生态学报, 2018, 38 (2): 359 - 370.

[234] 吕永龙, 王一超, 苑晶晶, 等. 可持续生态学 [J]. 生态学报, 2019, 39 (10): 3401 - 3415.

[235] 马程, 王晓玥, 张雅昕, 等. 北京市生态涵养区生态系统服务供给与流动的能值分析 [J]. 地理学报, 2017, 72 (6): 974 - 985.

[236] 马桥, 刘康, 高艳, 等. 基于 SolVES 模型的西安浐灞国家湿地公园生态

系统服务社会价值评估 [J]. 湿地科学，2018，16 (1)：51-58.

[237] 马世骏，王如松. 社会-经济-自然复合生态系统 [J]. 生态学报，1984，(1)：1-9.

[238] 马依拉·热合曼，买买提·沙吾提，尼格拉·塔什甫拉提，等. 基于遥感与 GIS 的渭库绿洲生态系统服务价值时空变化研究 [J]. 生态学报，2018，38 (16)：5938-5951.

[239] 欧阳志云，王效科，苗鸿. 中国陆地生态系统服务功能及其生态经济价值的初步研究 [J]. 生态学报，1999 (5)：19-25.

[240] 欧阳志云，王如松，赵景柱. 生态系统服务功能及其生态经济价值评价 [J]. 应用生态学报，1999，(5)：3-5.

[241] 欧阳志云，郑华. 生态系统服务的生态学机制研究进展 [J]. 生态学报，2009，29 (11)：6183-6188.

[242] 潘韬，吴绍洪，戴尔阜，等. 基于 InVEST 模型的三江源区生态系统水源供给服务时空变化 [J]. 应用生态学报，2013，24 (1)：183-189.

[243] 彭建，胡晓旭，赵明月，等. 生态系统服务权衡研究进展：从认知到决策 [J]. 地理学报，2017，72 (6)：960-973.

[244] 彭建，王仰麟，刘松，等. 景观生态学与土地可持续利用研究 [J]. 北京大学学报（自然科学版），2004 (1)：154-160.

[245] 彭云飞. 面向生态安全的城市土地利用优化模拟 [D]. 武汉：武汉大学，2018.

[246] 钱彩云，巩杰，张金茜，等. 甘肃白龙江流域生态系统服务变化及权衡与协同关系 [J]. 地理学报，2018，73 (5)：868-879.

[247] 曲福田，卢娜，冯淑怡. 土地利用变化对碳排放的影响 [J]. 中国人口·资源与环境，2011，21 (10)：76-83.

[248] 曲卫东，黄卓. 运用系统论思想指导中国空间规划体系的构建 [J]. 中国土地科学，2009，23 (12)：22-27，68.

[249] 任梅. 黄三角高效生态经济区人地系统空间均衡格局研究 [D]. 济南：山东师范大学，2017.

[250] 荣月静，杜世勋，郭新亚，等．太岳山地生态系统服务功能权衡协同关系研究 [J]．环境科学与技术，2018，41（11）：181-190.

[251] 宋章建，曹宇，谭永忠，等．土地利用/覆被变化与景观服务：评估、制图与模拟 [J]．应用生态学报，2015，26（5）：1594-1600.

[252] 孙传谆，甄霖，王超，等．基于 InVEST 模型的鄱阳湖湿地生物多样性情景分析 [J]．长江流域资源与环境，2015，24（07）：1119-1125.

[253] 孙蕊，孙萍，吴金希，等．中国耕地占补平衡政策的成效与局限 [J]．中国人口·资源与环境，2014，24（3）：41-46.

[254] 孙艺杰，任志远，赵胜男，等．陕西河谷盆地生态系统服务协同与权衡时空差异分析 [J]．地理学报，2017，72（3）：521-532.

[255] 孙泽祥，刘志锋，何春阳，等．中国快速城市化干燥地区的生态系统服务权衡关系多尺度分析：以呼包鄂榆地区为例 [J]．生态学报，2016，36（15）：4881-4891.

[256] 田榆寒．耕地生态系统服务协同与权衡关系及管理策略 [D]．杭州：浙江大学，2018.

[257] 童春富．河口湿地生态系统结构、功能与服务：以长江口为例 [D]．上海：华东师范大学，2004.

[258] 涂小松，龙花楼．2000—2010 年鄱阳湖地区生态系统服务价值空间格局及其动态演化 [J]．资源科学，2015，37（12）：2451-2460.

[259] 王蓓，赵军，胡秀芳．石羊河流域生态系统服务权衡与协同关系研究 [J]．生态学报，2018，38（21）：7582-7595.

[260] 王蓓，赵军，胡秀芳．基于 InVEST 模型的黑河流域生态系统服务空间格局分析 [J]．生态学杂志，2016，35（10）：2783-2792.

[261] 王辰星，朱捷缘，郑天晨，等．面向可持续未来的生态系统服务：第十届生态系统服务伙伴关系全球大会述评 [J]．生态学报，2019，39（21）：8193-8199.

[262] 王成，彭清，唐宁，李颢颖．2005—2015 年耕地多功能时空演变及其协同与权衡研究：以重庆市沙坪坝区为例 [J]．地理科学，2018，38（4）：

590 -599.

[263] 王成. 局地土地利用变化及景观格局研究 [D]. 重庆：西南大学，2007.

[264] 王成栋. 基于能值分析的东营生态系统服务评估研究 [D]. 济南：山东大学，2017.

[265] 王大尚，李屹峰，郑华，等. 密云水库上游流域生态系统服务功能空间特征及其与居民福祉的关系 [J]. 生态学报，2014，34 (1)：70 - 81.

[266] 王建华，田景汉，吕宪国. 挠力河流域河流生境质量评价 [J]. 生态学报，2010，30 (2)：481 - 486

[267] 王金南. 黄河流域生态保护和高质量发展战略思考 [J]. 环境保护，2020，48 (Z1)：18 - 21.

[268] 王静，李泽慧，宋子秋，等. 走向可持续城市生态系统管理的国土空间规划方法与实践：以烟台市为例 [J]. 中国土地科学，2019，33 (9)：9 - 18.

[269] 王军，严慎纯，白中科，等. 土地整理的景观格局与生态效应研究综述 [J]. 中国土地科学，2012，26 (9)：87 - 94.

[270] 王军，钟莉娜. 中国土地整治文献分析与研究进展 [J]. 中国土地科学，2016，30 (4)：88 - 97.

[271] 王敏，阮俊杰，姚佳，等. 基于 InVEST 模型的生态系统土壤保持功能研究：以福建宁德为例 [J]. 水土保持研究，2014，21 (04)：184 - 189.

[272] 王鹏涛，张立伟，李英杰，等. 汉江上游生态系统服务权衡与协同关系时空特征 [J]. 地理学报，2017，72 (11)：2064 - 2078.

[273] 王如松，李锋，韩宝龙，等. 城市复合生态及生态空间管理 [J]. 生态学报，2014，34 (1)：1 - 11.

[274] 王薇. 黄河三角洲水土资源承载力综合评价研究 [D]. 泰安：山东农业大学，2012.

[275] 王晓莉，戴尔阜，朱建佳. 赣江流域森林生态系统服务空间格局及其影响因素（英文）[J]. Journal of Resources and Ecology，2016，7 (06)：439 - 452.

[276] 王燕，高吉喜，王金生，等. 新疆国家级自然保护区土地利用变化的生态系统服务价值响应 [J]. 应用生态学报，2014，25 (5)：1439 - 1446.

[277] 王玉，傅碧天，吕永鹏，等.基于SolVES模型的生态系统服务社会价值评估：以吴淞炮台湾湿地森林公园为例 [J].应用生态学报，2016，27（6）：1767-1774.

[278] 魏慧，赵文武，张骁，等.基于土地利用变化的区域生态系统服务价值评价：以山东省德州市为例 [J].生态学报，2017，37（11）：3830-3839.

[279] 邬建国，郭晓川，杨稢，等.什么是可持续性科学？[J].应用生态学报，2014，25（1）：1-11.

[280] 吴健生，曹祺文，石淑芹，等.基于土地利用变化的京津冀生境质量时空演变 [J].应用生态学报，2015，26（11）：3457-3466.

[281] 吴蒙.长三角地区土地利用变化的生态系统服务响应与可持续性情景模拟研究 [D].上海：华东师范大学，2017.

[282] 吴宇哲，许智钇.休养生息制度背景下的耕地保护转型研究 [J].资源科学，2019，41（1）：9-22.

[283] 夏楚瑜，李艳，叶艳妹，等.基于净生产力生态足迹模型的工业碳排放效应、影响因素与情景模拟 [J].生态学报，2017，37（11）：3862-3871.

[284] 谢高地，鲁晨曦，冷允法，等.青藏高原生态资产的价值评估 [J].自然资源学报，2003，18（2）：189-196.

[285] 谢高地，肖玉，鲁春霞.生态系统服务研究：进展、局限和基本范式 [J].植物生态学报，2006，（2）：191-199.

[286] 谢高地，张彩霞，张昌顺，等.中国生态系统服务的价值 [J].资源科学，2015a，37（9）：1740-1746.

[287] 谢高地，张彩霞，张雷明，等.基于单位面积价值当量因子的生态系统服务价值化方法改进 [J].自然资源学报，2015b，30（8）：1243-1254.

[288] 谢高地，甄霖，鲁春霞，等.一个基于专家知识的生态系统服务价值化方法 [J].自然资源学报，2008，23（5）：911-919.

[289] 谢俊奇.可持续土地利用系统研究 [J].中国土地科学，1999（4）：3-5.

[290] 谢怡凡，姚顺波，邓元杰，等.延安市退耕还林（草）工程对生境质量时空格局的影响 [J].中国生态农业学报（中英文），2020，28（4）：575-586.

[291] 谢余初，杰巩，齐姗姗，等．基于 InVEST 模型的白龙江流域水源供给服务时空分异 [J]．自然资源学报．2017，32（8）：1337－1347．

[292] 徐煖银，郭泺，薛达元，等．赣南地区土地利用格局及生态系统服务价值的时空演变 [J]．生态学报，2019，39（6）：1969－1978．

[293] 薛剑，韩娟，张凤荣，等．高标准基本农田建设评价模型的构建及建设时序的确定 [J]．农业工程学报，2014，30（5）：193－203．

[294] 杨国福．人类-自然耦合系统中生态系统服务间关系研究 [D]．杭州：浙江大学，2015．

[295] 杨洁，谢保鹏，张德罡．基于 InVEST 模型的黄河流域产水量时空变化及其对降水和土地利用变化的响应 [J]．应用生态学报，2020，31（8）：2731－2739．

[296] 杨青，刘耕源．湿地生态系统服务价值能值评估：以珠江三角洲城市群为例 [J]．环境科学学报，2018，38（11）：4527－4538．

[297] 杨薇，靳宇弯，孙立鑫，等．基于生产可能性边界的黄河三角洲湿地生态系统服务权衡强度 [J]．自然资源学报，2019，34（12）：2516－2528．

[298] 杨晓楠，李晶，秦克玉，等．关中-天水经济区生态系统服务的权衡关系 [J]．地理学报，2015，70（11）：1762－1773．

[299] 杨园园，戴尔阜，付华．基于 InVEST 模型的生态系统服务功能价值评估研究框架 [J]．首都师范大学学报（自然科学版），2012，33（3）：41－47．

[300] 姚岚．土地利用视角下生态保护红线划定的理论与应用研究：以贵阳市为例 [D]．杭州：浙江大学，2018．

[301] 岳书平，张树文，闫业超．东北样带土地利用变化对生态服务价值的影响 [J]．地理学报，2007，（8）：879－886．

[302] 张彪，史芸婷，李庆旭，等．北京湿地生态系统重要服务功能及其价值评估 [J]．自然资源学报，2017，32（8）：1311－1324．

[303] 张凤荣．理性看待高标准农田建设中的生态保护 [N]．中国自然资源报，2020－03－31（3）．

[304] 张季．多视角的城市土地利用 [M]．上海：复旦大学出版社，2006．

[305] 张立伟，傅伯杰．生态系统服务制图研究进展 [J]．生态学报，2014，34 (2)：316-325．

[306] 张帅．黄河三角洲高效生态经济区人地耦合系统脆弱性预警研究 [D]．淄博：山东理工大学，2019．

[307] 张玉泽．供需要素视角下人地系统可持续性评估与空间均衡研究 [D]．济南：山东师范大学，2017．

[308] 张舟，吴次芳，谭荣．生态系统服务价值在土地利用变化研究中的应用：瓶颈和展望 [J]．应用生态学报，2013，24 (2)：556-562．

[309] 赵丹，李锋，王如松．城市土地利用变化对生态系统服务的影响：以淮北市为例 [J]．生态学报，2013，33 (8)：2343-2349．

[310] 赵景柱，梁秀英，张旭东．可持续发展概念的系统分析 [J]．生态学报，1999 (3)：3-5．

[311] 赵景柱，肖寒，吴刚．生态系统服务的物质量与价值量评价方法的比较分析 [J]．应用生态学报，2000 (2)：290-292．

[312] 赵景柱，徐亚骏，肖寒，等．基于可持续发展综合国力的生态系统服务评价研究：13 个国家生态系统服务价值的测算 [J]．系统工程理论与实践，2003 (1)：121-127．

[313] 赵琪琪，李晶，刘婧雅，等．基于 SolVES 模型的关中-天水经济区生态系统文化服务评估 [J]．生态学报，2018，38 (10)：3673-3681．

[314] 赵荣钦，黄贤金，刘英，等．区域系统碳循环的土地调控机理及政策框架研究 [J]．中国人口·资源与环境，2014，24 (5)：51-56．

[315] 赵文武，刘月，冯强，等．人地系统耦合框架下的生态系统服务 [J]．地理科学进展，2018，37 (1)：139-151．

[316] 赵文武，王亚萍．1981—2015 年我国大陆地区景观生态学研究文献分析 [J]．生态学报，2016，36 (23)：7886-7896．

[317] 赵永华，张玲玲，王晓峰．陕西省生态系统服务价值评估及时空差异 [J]．应用生态学报，2011，22 (10)：2662-2672．

[318] 郑华，李屹峰，欧阳志云，等．生态系统服务功能管理研究进展 [J]．生

态学报，2013，33（3）：702-710.

[319] 郑华，欧阳志云，赵同谦，等．人类活动对生态系统服务功能的影响［J］.
自然资源学报，2003，18（1）：118-126.

[320] 郑晶．基于生态系统服务价值的长汀县土地利用结构优化研究［D］. 福
州：福建农林大学，2009.

[321] 支玲，任恒棋，李卫忠．西部退耕还林（草）生态目标的冲突与协调［J］.
西北林学院学报，2003，18（3）：103-107.

[322] 钟莉娜，王军．基于 InVEST 模型评估土地整治对生境质量的影响［J］.
农业工程学报，2017，33（1）：250-255.

[323] 周方文，马田田，李晓文，等．黄河三角洲滨海湿地生态系统服务模拟及
评估［J］. 湿地科学，2015，13（6）：667-674.

索　引

二、图索引